江西省水安全

The Study on Pattern Designing and System
Operation for Circular Agriculture
—Pig Farm as an Example

农业模式设计与
系统运行机制研究
——以生猪养殖为例

仲小瑾◎著

经济管理出版社
ECONOMY & MANAGEMENT PUBLISHING HOUSE

图书在版编目（CIP）数据

农业模式设计与系统运行机制研究——以生猪养殖为例/仲小瑾著．—北京：经济管理
出版社，2016.12
ISBN 978 - 7 - 5096 - 4862 - 9

Ⅰ.①农⋯　Ⅱ.①仲⋯　Ⅲ.①养猪业—农业模式—研究—中国　Ⅳ.①F326.3

中国版本图书馆 CIP 数据核字（2016）第 315084 号

组稿编辑：申桂萍
责任编辑：申桂萍　赵　杰
责任印制：黄章平
责任校对：王淑卿

出版发行：经济管理出版社
　　　　　（北京市海淀区北蜂窝 8 号中雅大厦 A 座 11 层　100038）
网　　　址：www. E - mp. com. cn
电　　　话：（010）51915602
印　　　刷：北京玺诚印务有限公司
经　　　销：新华书店
开　　　本：720mm × 1000mm/16
印　　　张：9.5
字　　　数：140 千字
版　　　次：2016 年 12 月第 1 版　　2016 年 12 月第 1 次印刷
书　　　号：ISBN 978 - 7 - 5096 - 4862 - 9
定　　　价：39.00 元

前　言

随着我国农业的发展，科技化农业逐渐进入人们的视野。循环农业系统作为农业科学发展的产物，更大程度上关注的是农业资源的合理使用与生态环境的保护。循环农业通过利用生物技术、信息技术以及工程措施等条件，循环利用农业资源，对能量进行有效转换，最终达到提高农业资源利用效率、提升农业综合效益、减少农业废弃物和污染物的排放、实现农业废弃物的资源化利用，促进农业可持续发展等目标。循环农业涉及生猪养殖、种植业、林业、渔业和加工业等多个方面，充分体现了现代农业的广泛影响力，所以，在循环农业的运行上要实行具体化操作。

中国生猪规模化养殖的快速发展及土地流转制度的束缚导致了种养严重分离；以追求利润最大化为目标的养猪场户过量使用兽药、添加剂，导致含有大量兽药和重金属残留的粪污难以还田。生猪养殖是我国当前畜牧养殖业的重要组成部分，其废物处理上存在的问题刚好可以与循环农业所需进行互补，实现生猪养殖与循环农业系统运行，能提高生态效益和经济效益。

发展循环农业需要进行有效的循环农业模式设计，同时还需要建立相应的运行机制。因此，本书结合循环农业的特征及其模式设计的原则和任务，根据现代农作制度理论思想，运用可拓共轭分析和系统动力学方法理论，对循环农业模式的设计进行了研究，以生猪养殖业为例提出了循环农业模式设计的概念框架，即首先对循环农业物质能量的排放进行可拓共轭分析，其次设计循环农业的整体流程图，再次运用系统动力学原理构建循环农业的结构模型以进行综合论证评价，最后总结出了循环农业系统运行的动力机制和平衡机制。

本书共分为六章。

第一章，绪论。首先分析了国内外的研究现状和趋势，并在国内外研究的基础上提出本书的研究问题，其次提出本书研究的目的和意义，设计出本书研究的内容和采用的方法，最后总结出了本研究的创新之处和研究的总体框架。

第二章，相关理论综述与方法评述。本章介绍了循环农业理论，包括发展循环农业遵循的"4R"原则、循环农业的基本特征、循环农业的四个循环层次；阐释了循环农业模式、现代农作制度理论及其特征、系统动力学理论、可拓共轭分析理论，并把以上理论方法与本书的研究内容相结合，分析论证了本书选用以上理论方法的合理性及创新性。

第三章，循环农业模式设计研究。本章先阐释了循环农业模式设计的必要性和概念，总结出了循环农业模式设计的目标、原则、任务及其影响因素，再按照"设计目标—设计原则—设计任务—设计影响因素—设计步骤"的思路构建出循环农业模式设计的框架体系：先结合具体问题界定系统边界，接着对循环农业物质能量的排放进行可拓共轭分析，然后设计循环农业的整体流程图，最后运用系统动力学原理构建循环农业的结构模型以进行综合论证评价。

第四章，以生猪养殖为主的循环农业模式设计。本章通过以生猪养殖业为主的循环农业模式设计论证了本书构建的循环农业框架体系。首先对生猪养殖业现状及丘陵地区农业特点进行分析，其次对循环农业物质能量的排放、提高养殖收入、养殖及沼气使用过程中的污染问题等进行共轭分析，再次据其设计出循环农业的整体流程图，最后运用系统动力学原理构建循环农业的结构模型以进行综合论证评价。

第五章，循环农业系统运行动力机制研究。本章研究了循环农业系统运行的动力机制。首先对循环农业系统运行进行增长上限分析，包括粪便对外运输、土壤结构、养殖经营管理及市场价格等的增长上限基模分析。其次在基模分析的基础上提出循环农业系统运行的动力机制，包括如何运用公共财政支出巩固粪便运输系统，实现经济与环境协调发展；如何运用测土配肥技术及使用沼渣、沼液等有机肥，实现农作物不断增收；加强政府的规划引导，保障循环农业的顺利实施；引进农业龙头企业，促进循环农业平稳发展等。

第六章，循环农业系统运行的平衡机制。本章论述了循环农业系统运行的平衡机制，包括循环农业系统内部的平衡——内部产业结构平衡和内部的利益平衡，以及循环农业系统外部的平衡——外部产销平衡与利益平衡。

仲小瑾

2016 年 11 月于南昌工程学院

目　录

第一章　绪论

第一节　问题的提出

农业是我国的第一大产业，是国民经济的基础行业。一直以来，我们要用占世界7％的耕地养活占世界22％的人口，特别是改革开放以来，我国农业取得了举世瞩目的成就。但是，我们也应该看到，我国农业的快速发展是以能源和资源的大量消耗、严重的环境污染为代价的，因为我国农业的发展基本上沿用了粗放型的增长方式，人们以产量和收入在数量上的高速增长为驱动力，对农业资源的利用和污染物的排放不计后果，从而对农业生态系统造成严重的破坏和威胁。其主要表现为：农业资源的使用效率低下，消耗能源巨大，不合理开发利用自然资源造成生态环境的破坏；化肥和农药的大量使用使农业生态环境和农畜产品受到污染并对土壤和水环境造成污染；畜禽粪便的随意排放也使生态环境受到严重污染；农作物残留物的不合理处置如秸秆焚烧等导致了环境污染和资源浪费；另外，农产品生产加工和消费造成的"三废"也对环境造成了污染。以上种种迹象表明，传统的农业发展模式亟须改进，要代之以新的发展模式才能响应党中央的号召，实现农业经济的可持续发展。要借鉴国外的经验并结合我国的实际情况，大力发展循环农业，提高农业资源利用率，减少农业废弃物和污染物的排放，实现农业废弃物的资源化利用，保护农业资源，走可持续发展的道路。

循环农业又称农业循环经济，我国在 2004 年就正式提出实施"循环经济发展战略"。2006 年的中央一号文件提出"推进现代农业建设，积极发展循环农业"[①]。2007 年的中央一号文件又提出"加强农村环境保护，减少农业面源污染，鼓励发展循环农业、生态农业，有条件的地方可加快发展有机农业"[②]。随后，2008 年的中央一号文件中提出"加强农村节能减排工作，鼓励发展循环农业，推进以非粮油作物为主要原料的生物质能源研究和开发"。2009 年 11 月 28 日至 29 日，由科技部农村司主办、省科技厅和中国农业大学联合承办的全国"循环农业科技发展研讨会"在合肥召开，来自全国 20 多个省区的 200 名专家学者参加了会议，会议的主题就是"发展循环农业，促进节能减排"。

2010 年 3 月 10 日，国家农业部与江西省人民政府在北京共同签署了《共同推进鄱阳湖生态经济区现代农业发展合作备忘录》，并举行了签字仪式。此举体现了江西省政府对科学发展观的深入贯彻，使鄱

---

① 诸大建. 可持续发展呼唤循环经济 [J]. 科技导报，1998（9）.
② 曹凤中等. 生态全息论对发展循环经济的启示 [J]. 环境污染与防治，2002（6）：42.

阳湖生态经济区的现代农业发展得到推进，江西科学发展、绿色崛起、进位赶超得以逐步实现。备忘录的总体思路是深入贯彻落实科学发展观，坚持统筹城乡发展，按照"稳粮保供给、增收惠民生"的基本要求，保持稳定的粮食生产，合理安排农产品的区域结构，推进农业综合生产建设，提高农业科技发展水平，保证农产品的质量，同时还要重视资源与生态环境保护，使农民素质得以逐步提高，着力打造水稻、棉花、茶叶、蔬菜、水果、生猪、水禽、水产等现代生态农业产业，大力提升江西鄱阳湖生态经济区的农业发展水平，以期把此区域建设成国家粮食安全战略核心区、水禽水产特色养殖区、农产品加工的贸易区、现代农业的示范区，在江西省乃至全国类似区域现代农业的发展中起到示范带头作用①。

2016年1月，党的十八届五中全会通过的《中共中央关于制定国民经济和社会发展第十三个五年规划的建议》，对做好新时期农业农村工作做出了重要部署。要求各地区、各部门要牢固树立和深入贯彻落实创新、协调、绿色、开放、共享的发展理念，大力推进农业现代化，确保亿万农民与全国人民一道迈入全面小康社会。当前，我国农业、农村的发展环境发生了重大变化，既面临诸多有利条件，又必须加快破解各种难题。农业是全面建成小康社会、实现现代化的基础。一定要切实增强做好"三农"工作的责任感、使命感、紧迫感，任何时候都不能忽视农业、忘记农民、淡漠农村，在认识的高度、重视的程度、投入的力度上保持好势头，始终把解决好"三农"问题作为全党工作的重中之重，坚持强农、惠农、富农政策不减弱，推进农村全面小康

---

① 数据来自农业部官方网站。

建设不松劲，加快发展现代农业，加快促进农民增收，加快建设社会主义新农村，不断巩固和发展农业、农村的好形势。

　　农业循环经济是一项综合性、系统性很强的工作，涉及农林、水利、环保、国土、科技等部门，只有政府统一协调，各有关部门共同参与，密切配合，才能保证此项工作得以顺利开展。虽然循环农业在我国遍地开花，到处试点，但却较为分散，褒贬不一，截至目前，我国并没有一套完整的行之有效的循环农业模式设计体系，也没有一套系统的循环农业运行机制体系。因此，笔者希望通过本书，可以构建出一个全新的循环农业模式设计框架，并在此基础上总结出循环农业运行的动力机制。

第二节　研究现状

一、循环农业研究

　　西方发达国家的农业循环理论和实践走在了世界的前列。20 世纪 60 年代，美国的土壤学家 W. A. Alborecht 就提出了生态农业的构想并将它深化和拓展。20 世纪 80 年代初，美国在"有机农业"、"生态农业"基础上，提出了可持续农业的概念。Jackson 和 Benolen 于 1984 年提出生态农业的观点，即"在尽量减少人工管理的条件下进行农业生产，保护土壤肥力和生物多样化，控制土壤侵蚀，少用或不用化肥，减少环境压力，实现持久性发展"。[①]"有机农业"、"生态农业"等就是反对在农场施用化肥、农药，强调生态环境保护第一，试图用绿肥秸秆替代化肥，用天敌、轮作替代化学防治，用少耕免耕替代翻耕等。但由于有机农业的推行造成了玉米等农作物的减产，导致实际利润减少，因此美国提出"可持续农业"的新农作制度，该制度以作物轮作、农牧混合和水土保持耕作等技术为支撑，更多地强调了农业的经济效益。

作为一个岛国，日本的农业资源相对来说十分匮乏，所以发展循环农业显得更为重要。日本在20世纪70年代就对循环农业经济的发展采取了不少措施，现在更是兴建起农业资源循环设施，利用畜禽粪便生产有机肥，这样既解决了污染难题，又为生产有机大米提供了肥料。处理畜禽粪便的工厂设在远离村镇的水稻田间，农民们自觉地将畜禽粪便用汽车拉到厂里，过磅、交钱，然后把粪便运进一个大池子里除臭，再运进车间加温、发酵。这种快速堆肥发酵技术，可以把畜禽粪便制成高效、无害、无臭的有机肥。

英国的循环农业理论也很多。20世纪80年代初，英国农业学家M.华盛顿就提出：生态农业是"生态上能自我维持，低输入，经济上有生命力，在环境、伦理和审美方面可接受的小型农业"[②]。仔细体味，其中便隐含了循环经济中的减量化思想以及经济和环境相协调的可持续发展思想。

---

① 杨瑞珍. 持续农业与生态农业［J］. 世界农业，1994（10）：6.
② 王立红. 循环经济——可持续发展战略的实施途径［M］. 北京：中国环境科学出版社，2005：126－127.

　　此外，其他许多国家如澳大利亚和意大利等的相关学者也先后提出了循环农业经济的重要理论并将之应用于实践。

　　我国的循环经济最早是由环保与管理部门带动起来的，其实施主要集中于社会和工业领域，理论探索大多集中在社科研究及环境保护部门。循环经济在农业领域的运用起步较晚，但却有大量学者投入到了农业循环领域的研究中：吴天马（2002）从农业生产和农业产业的角度出发，比较系统而全面地将农业发展循环经济划分为四个层次[①]；戴丽（2006）从云南省的实际出发，提出应从农民家庭、村镇、生态农业园（区）和区域四个层次开展农业循环经济建设与发展模式研究[②]；冯之俊等（2008）则从宏、微观的角度提出，农业循环经济需要从宏观、中观、微观三个层次构建发展框架[③]；崔和瑞（2005）探讨了区域农业可持续发展的两种模式，分别是以生态农业建设为基础、开发无公害农产品与绿色食品为目的的渐进式循环经济发展模式，及以有机农业建设为基础、开发有机食品为目的的跨越式循环经济发展模式[④]；宣亚南、欧名豪、曲福冈（2008）从经济学的角度提出了循环型农业的含义、经济学解读及其政策含义[⑤]；季昆森（2006）从实际出发提出了发展循环经济是建设新农村的重要途径[⑥]；袁久和

　　① 吴天马. 循环经济与农业可持续发展 [J]. 环境导报, 2002 (4): 4-6.

　　② 戴丽. 云南农业循环经济发展模式研究 [J]. 云南民族大学学报, 2006 (1): 86-91.

　　③ 冯之俊, 刘燕华, 周长益, 罗毅, 于丽英. 我国循环经济生态工业园发展模式研究 [J]. 中国软科学, 2008 (4): 2-3.

　　④ 崔和瑞. 基于循环经济理论的区域农业可持续发展模式研究 [J]. 农业现代化研究, 2005, 25 (2): 96-97.

　　⑤ 宣亚南, 欧名豪, 曲福冈. 循环型农业的含义、经济学解读及其政策含义 [J]. 中国农业资源与区划, 2005 (2): 27-31.

　　⑥ 季昆森. 发展循环经济是建设新农村的重要途径 [J]. 中国科技投资, 2006 (6): 218.

（2005）从民族特色出发，提出了民族地区发展农业循环经济的模式①。

二、农业循环经济模式研究

农业循环模式是一种现代化农业生产经营活动方式，它是在先进的生产经营组织方式下，将新型的农业生产技术范式和经过合理优化的农业产业组合形式融合在一起的，具有节能低耗、高效环保等特征的生产经营活动的总称（周颖等，2006）②。农业循环经济模式总体上可以归纳为两方面：一方面是在源头上减少农业发展过程中的资源消耗和废弃物排放；另一方面是对产生的废弃物实现循环利用。农业循环模式可以从技术采纳、循环规模、产业组织化程度三方面进行总结。

从技术采纳方面来看，结合循环经济的核心原则，农业循环模式主要包括减量化模式、再利用模式、资源化模式。减量化模式主要采取精准农业技术和新型农业生产资料，减少化肥、农药、农膜等的使用量，提高资源利用率（章立建等，2005），通过集约高效利用土地，发展节水型、节能型农业，实现减量化目标。再利用模式是利用农业产业之间的紧密联系，使物质流和能量流通过农业产业内部层次之间进行相互交换并实现再使用的模式。如立体种植即是利用产业间的相互依存关系将种植业与养殖业、新能源生态工程进行结合。资源化模式主要通过对农业生产输出的副产品及有机废弃物进行加工，使之重

① 袁久和．民族地区发展农业循环经济研究［J］．边疆经济与文化，2005（6）：28.
② 周颖，尹昌斌，邱建军．我国循环农业发展模式分类研究［A］//2006年中国农学会学术年会论文集：循环农业与新农村建设［C］．2006：258－259.

新进入生产领域，实现增值。如农产品出现质变后不能按原用途使用，但可通过加工处理使之变为肥料或用做其他用途（章力建、朱立志，2005）[①]。

从循环规模看，农业循环经济模式主要包括微观循环模式、中观循环模式和宏观循环模式。微观循环模式主要是农户内部小范围的生产循环，具体表现为以农户为主体的种养结合，生产庭院沼气的能源模式。中观循环模式主要是以种植业或养殖业为核心构建的农业生态园区，如南方稻区"稻—鱼种养结合"的循环农业模式，稻田生态系统中的生物之间存在相互依存的关系，稻田为鱼提供食物和休息场所，鱼吃稻田里的杂草和害虫，排泄粪肥提供肥料，实现稻田和鱼的共赢，从而也达到了减少农药化肥的使用，改善生态环境的目的（林孝丽、周应恒，2012）[②]。宏观循环模式即在一定区域范围内，通过农业产业的合理布局，实现农业产业之间的协调发展和有机融合。在宏观循环模式中，废弃物处理成为循环经济中不可缺少的链条，是循环模式中的静脉产业。

农业本身的特点使得发展循环经济成为必然。农业生产对生态环境造成破坏，我们应该思考选择何种生产方式能够降低其对环境的破坏。从综合利用土地的视角看，应解决如何合理利用化肥、农药，如何引导生产者以较少剂量实现效果最优，如何解决土壤被侵蚀问题，如何轮作和种植互补的农作物等问题；从产业相关的视角看，传统意义上的种植业和养殖业之间存在着不可割裂的联系，实现种植业和养

---

① 章力建，朱立志. 运用循环经济规律防治农业立体污染［N］. 农民日报，2005－07－28.
② 林孝丽，周应恒. 稻田种养结合循环农业模式生态环境效应实证分析［J］. 中国人口·资源与环境，2012，22（3）：37－42.

殖业的有效融合，实施综合有效的农场管理是农业未来发展的趋势。因此，从循环经济视角研究农业生产比研究农耕层面的活动范围扩大——由家庭扩大到国家，由地区发展延伸到全球，这就需要构建一个平衡的农业系统（克利福德·柯布、成文杰，2014）[①]。农业产业系统是种植业、林业、渔业、牧业生产相互依存的有机体，同时农业向后延伸为农产品加工业、农产品贸易与服务业、农产品消费，它们之间也相互依存、密切联系，农业和相关产业系统相互作用，形成有机融合体（陈克亮等，2005）[②]。农业这种天然的有机融合体表现出农业产业结构的整体性特征，构成了农业生态产业链的基础，因此农业实现循环经济发展方式将成为必然。

三、畜牧业面临环境污染问题研究

畜牧业废弃物已成为主要环境污染源，主要表现为对水体、土壤、大气等方面的影响。从畜牧业的发展来看，在20世纪50年代，发达国家开始进行大规模的集约化养殖，也面临过大量粪污难以储存、处理和利用，存在严重的环境污染等问题。20世纪60~70年代，多数畜禽业高度密集区域出现了畜禽粪便污染问题。俄罗斯大型养猪场经过风险评估后得出结论，不经处理的猪场废弃物是潜在的环境污染来源，影响地下水水质，并对周边居民的身体健康造成威胁。国外其他集中的牲畜养殖区也存在对环境造成污染的问题。美国得克萨斯州中

---

① 克利福德·柯布，成文杰. 建设性后现代视阈下的中国生态农业［J］. 江苏社会科学，2014（1）：27-35.
② 陈克亮，朱晓东. 循环经济在城市生态农业中的应用［J］. 生态经济，2005（6）：78-81.

北部的博斯克（Bosque）流域集中的奶牛养殖场的粪便施用与当地地表水中磷含量的超标明显相关。20世纪80年代末的英国，在短短三年内发生了约15000起因养殖场粪便施用造成的水污染事故，随着养殖业带来的环境污染问题日益严重，英国政府开始通过制定相关法律法规来规范养殖行为。经过测算，中国东北三省的畜禽粪尿等排泄物进入水体中的COD量占畜禽粪尿在工业和生活中COD排放量总和的50%左右（马林等，2006）[1]，安徽省畜牧业水环境等污染程度也较严重（宋大平等，2012年）[2]。

畜牧业造成的土壤污染主要表现为畜禽粪便排放超过土壤承载力或处理不得当导致养分过剩以及重金属等有害物累积导致土壤中的重金属超标等问题（景栋林等，2012；潘霞等，2012）[3][4]。荷兰作为畜牧业比较发达国家的代表，其南部地区畜牧业密集程度最高。荷兰每年约产生9500万吨粪便，将近1500万吨剩余，畜禽粪便产生量大大超过农田生产施用量，造成了粪便硝酸盐污染。畜牧业的粪尿恶臭和其引发的温室效应也带来大气污染问题。规模化养殖场排放的废气造成的大气污染影响着人类健康，恶臭主要来源于畜禽粪便在腐败分解过程中产生的硫化氢、胺等多种有害气体，如其释放的高浓度硫化氢会造成大脑损伤及类流感病症，给人畜健康带来威胁。畜牧业的甲烷

[1] 马林，王方浩，马文奇，张福锁，范明生. 中国东北地区中长期畜禽粪尿资源与污染潜势估算[J]. 农业工程学报，2006（8）.
[2] 宋大平，庄大方，陈巍. 安徽省畜禽粪便污染耕地、水体现状及其风险评价[J]. 环境科学，2012, 33（1）：110-115.
[3] 景栋林，陈希萍，于辉，黄得纯. 佛山市畜禽粪便排放量与农田负荷量分析[J]. 生态与农村环境学报，2012（1）.
[4] 潘霞，陈励科，卜元卿，章海波，吴龙华，滕应，骆永明. 禽有机肥对典型蔬果地土壤剖面重金属与抗生素分布的影响[J]. 生态与农村环境学报，2012（9）.

（CH₄）排放已在我国农业温室气体排放中占较大的比重，温室气体排放主要来自畜禽饲养与粪便管理。①

四、中国农业现代化研究

牛若峰（1999，2001）指出，中国各地区自然条件的差异以及经济社会发展的不平衡性，使得中国的农业现代化发展必须经历一个很长的非均衡发展进程，不可能同步，只能分地区、分阶段实施，有差别推进，多种模式，分类指导②。张晓山（2007）认为，内涵式规模经营道路在中国的农业发展中可能更有应用价值，通过增加物质、技术的投入，降低劳动投入所占比重，生产高附加值的农产品，使得产出增长，劳动生产率提高，收入增加③。柯炳生（2007）提出通过提高农业科技创新能力等六个方面来推进中国特色农业现代化的建议④。尹成杰（2008）认为，中国特色农业现代化建设要实现从粗放经营向现代集约经营的转变⑤。周新桥（2009）认为，走中国特色农业现代化道路，必须在我国农业现代化的目标体系选择、技术选择、制度安排、产业体系选择、外部条件和保障机制等方面做好统筹，既要遵循世界农业现代化的一般规律，又要立足于我国的基本国情⑥。蒋和平等（2011）指出我国在现代农业建设进程中，因地制宜，加大政府支持，

① 闵继胜，胡浩．中国农业生产温室气体排放量的测算［J］．中国人口·资源与环境，2012（7）．
② 牛若峰．中国农业现代化走什么道路［J］．中国农村经济，2001（1）：4-11．
③ 张晓山．现代农业需走内涵式规模经营道路［J］．中国发展观察，2007（2）：9-10．
④ 柯炳生．关于加快推进现代农业建设的若干思考［J］．农业经济问题，2007（2）：18-23．
⑤ 尹成杰．关于建设中国特色现代农业的思考［J］．农业经济问题，2008（3）：4-9．
⑥ 周新桥．中国特色农业现代化道路基本内涵探析［J］．湖南科技学院学报，2009（2）：95-96．

建立健全现代农业产业体系，完善农村土地流转制度，充分发挥现代农业示范区的作用等做法是有益的。云南省中国特色社会主义理论体系研究中心（2010）从以下几方面界定了中国特色社会主义农业现代化发展的本质：一是以粮食生产和粮食安全作为基础；二是以产业化、社会化生产为主要内容；三是以家庭联产承包责任制基础上的土地流转和适度规模经营为基本动力；四是以农民变成工人、市民和农业工人为根本标志；五是以市场化经营为体制动力，管理民主化、科学化为政治保证，新型工业化引领为高端内容①。

总体来讲，我国农业循环经济发展起步时间相对工业较晚，其理论研究仍处于理解与探讨性的发展阶段，尽管在实践上已开始进行探索与操作，但与发达国家相比在理论研究与实践方面仍存在较大差距。我国对农业循环经济的研究，往往偏重于理论上的阐述，且多集中于农业循环经济的表层，如概念和内容及发展模式的描述，实践方面的分析研究较少。结合前文可知，目前虽对农业循环经济概念达成了共同认识，但还没有形成较为明确、统一的定义。对农业循环经济最本质内容的研究较少，如物质循环和价值增值等，未结合具体实际针对某区域农业的比较优势设计出以农业循环经济为主的跨产业间的典型实践模式，也未构建起有效适用的评价体系来衡量其发展状况并诊断存在的问题，以便进一步优化与创新其发展模式，让理论研究与实践探索实现真正结合。农业循环经济理论分析框架的构建将会是后续研究的一个重要内容。

---

① 云南省中国特色社会主义理论体系研究中心. 中国特色社会主义农业现代化发展道路的科学内涵探析［J］. 社会主义论坛，2010（10）：9－10.

结合上述研究可以发现，我国学者对什么是农业循环经济，农业循环经济包括哪些内涵等，缺乏全面统一的认识，对农业循环经济系统理论及发展策略的研究还需进一步深化，特别是对农业循环经济的政策体系与技术保障体系的研究不够深入具体，还有待进一步加强。发展循环农业是农业可持续发展的有效途径，是建设社会主义新农村的必然选择，是贯彻落实科学发展观的本质要求。顺应当前形势，如何让有中国特色的循环农业进展得有声有色，不仅需要党中央、地方政府全盘考虑，更需要理论研究作强有力的后盾。如何让循环农业系统在现有环境下实现顺利有效运行也是亟须研究的课题。

第三节 研究目的和意义

一、研究目的

循环农业的生产目标分为微观和宏观两个层面。从微观来说，是维持农业生态系统稳定、保持生态食物链条协调互补共生，通过生产和消费环节的延长减少能量在流动中的耗散，增加系统内物质循环利用，实现农业生产污染量排放最小化、无公害化、废弃物资源化。从宏观来说，是使得农业资源得到更充分合理的开发利用，缓解资源短缺的压力，保护生态环境，增加农民收入，增强农业综合生产能力，保证国家粮食安全和区域农业生态安全。另外，发展循环农业的社会目标是构建环境友好、容貌整洁的新农村，转移农村剩余劳动力，加强政府的公共服务能力，推动生态文明建设，实现经济效益与生态效益和谐发展。无论是宏观还是微观的循环农业，其发展都要经过系统分析、模式设计、过程监控和效果评价等一些环节。

本书的研究目的主要有两个方面：一是提出循环农业模式设计的概念框架，并就以生猪养殖为主的循环农业模式设计具体应用。二是系统分析循环农业系统运行机制，包括动力机制与平衡机制。

二、研究意义

发展循环农业是建设现代农业、提高农业资源利用率和比较效益的产业选择，也是解决"三农"问题最为有效的途径。

本书研究的理论意义是：基于现代农作制度理论、可拓共轭分析方法和系统动力学原理，构建循环农业模式设计理论，丰富循环农业理论。从循环经济视角研究生猪养殖模式，是对畜牧业经济研究的一个拓展和充实，也有助于丰富区域经济和资源环境经济理论的研究内容。本书主要从循环经济视角，以区域经济、生产者行为、产业共生、公共产品及外部性等经典理论为基础，对我国生猪养殖业面临的环境约束问题进行深入探讨，从产业共生的角度深入剖析循环经济养殖模式运行的前提条件，以及分析政府行为在推动循环经济养殖模式中的作用，探求我国生猪养殖业如何既满足消费者需要，又实现物质的循环利用，满足可持续发展的需要。

本书研究的实践意义是：更新和改进现有的循环农业模式，设计及完善循环农业系统运行机制。猪肉需求的日益旺盛及生猪养殖量增加带来了各种环境问题，应该如何应对这些变化并从循环经济视角研究江西生猪养殖模式，将对其他地方具有一定的借鉴意义。

第四节 研究内容和方法

一、研究内容

发展循环农业需要进行适宜的循环农业模式设计，同时还需要建立相应的运行机制。本书结合循环农业的特征及循环农业模式设计的原则和任务，根据现代农作制度理论思想，运用可拓共轭分析和系统动力学方法理论，对循环农业模式的设计进行了研究，用以养殖业为主的循环农业模式设计为例提出了循环农业模式设计的概念框架，即首先对循环农业物质能量的排放进行可拓共轭分析，设计循环农业的整体流程图；其次运用系统动力学原理构建循环农业的结构模型以进行综合论证评价；最后总结出了循环农业系统运行的动力机制和平衡机制。本书研究的具体内容如下：

一是基于系统工程理论对循环农业模式设计进行系统思考，探索各类循环农业类型的依存条件和系统发展的各种影响因素，提出循环农业模式设计和循环农业系统结构模型。

二是循环农业系统运行机制研究。揭示循环农业系统运行中外部与内部的动力机制和平衡机制。

二、研究方法

本书采用的研究方法有：

（一）经验总结法

在充分调研现有农业循环模式的运行情况及充分比较研究现有文献资料的基础上，总结分析这些现有模式及理论结构的有效经验、尚且存在的一些问题和有待改进的方面。

（二）比较研究法

本书采取比较研究法，进一步探索循环农业发展体系的新思路以及如何进一步发挥政府在循环农业运作中的有效作用。

（三）文献资料法

本书通过检索有关循环农业研究的论文、著作，并进行整理、归纳，认真地分析、提炼国外在循环发展方面的一些先进经验，借鉴其中适合我国国情的部分，为进一步建立、完善循环农业的运行机制打下了一定的理论基础。

（四）模型设计法

基于系统科学理论、循环经济理论和现代耕作制度理论，应用系统动力学方法和可拓学方法研究循环农业模式设计，并应用基模技术研究循环农业系统的运行机制。

第五节　创新点

全书的创新点主要有两个方面：一是结合原有循环农业相关理论与实践，把现代农作制度理论、系统动力学、可拓分析的共轭分析法运用到循环农业结构模型的分析设计中，最终构建出一套新的行之有效的循环农业系统结构模型；整合循环农业模式设计的内涵，提出以"目标体系、设计原则、设计任务、设计因素"为内涵的循环农业模式设计框架体系。二是对循环农业系统运行机制进行系统分析。使用系统动力学的基模分析技术进行分析，提出相关循环农业发展对策。

本章小结

本章首先分析了国内外研究的现状和趋势并在国内外研究背景下界定出本书的研究问题；其次提出了本书研究的目的和意义，设计出本书研究的内容和采用的方法；最后总结出了本研究的创新之处和总体框架。

第二章　相关理论综述与方法评述

第一节　循环经济理论

自 20 世纪 60 年代以来，循环经济蓬勃发展，无论在理论研究，抑或应用研究方面，均取得了丰富的研究成果。在国内，循环经济被政府确定为国家发展战略的重要组成部分。

一、循环经济的内涵

已有文献表明，循环经济是针对传统线性经济模式而言的，"资源—产品—再生资源"的物质循环利用模式是循环经济区别于传统经济的本质特征①②。如果以这种本质特征为循环经济理论的逻辑起点进行分析，则不难理解，资源循环利用就是循环经济的核心内涵③。已有文献中对循环经济的定义比较权威的至少有十种以上④，但目前尚无统一定义，这恰恰说明了学术界对循环经济核心内涵的理解不尽相同。很显然，共识与分歧的同时存在说明了一个问题，即循环经济的研究核心尚未统一，也没有统一的研究主线。

实际上，"资源—产品—废物"线性模式与"资源—产品—再生资源"循环模式的根本区别只是对"废物"概念的理解不同而已，"资源—产品—再生资源"循环模式的本质是"废物资源化"，核心在于把"废物"看作"资源"，从全局的视角看待资源问题。在这种假定下，"资源—产品—再生资源"的循环模式可以看作是由一系列"资源—产品"的线性模式组成的，而"资源—产品"是典型的常规经济活动，这意味着"资源—产品—再生资源"的循环模式本质上仍遵循主流经济学家提出的经济规律。由于把"废物"当作"资源"进行生产和消费活动是需要付出成本的，因此使利用废物的成本和效益内生于经济模型中是实现废物资源化的首要任务。

废物资源化，其根本在于形成市场主导的废物利用机制，但初期需要政府的积极干预。如果把"废物"看作"资源"，那么废物资源化需具备三项基本条件：第一，经济行为主体具有利用"废物"的权

---

① 王国印. 论循环经济的本质与政策启示 [J]. 中国软科学, 2012 (1): 31 - 43.

② 任勇, 吴玉萍. 中国循环经济内涵及有关理论问题探讨 [J]. 中国人口·资源与环境, 2005 (4): 131 - 136.

③ 陈德敏. 循环经济的核心内涵是资源循环利用——兼论循环经济概念的科学运用 [J]. 中国人口·资源与环境, 2004 (2): 13 - 16.

④ 李兆前, 齐建国. 循环经济理论与实践综述 [J]. 数量经济技术经济研究, 2004 (9): 145 - 154.

利；第二，经济行为主体具有利用"废物"的技术；第三，经济行为主体能够从"废物"利用中获得比较利益。拥有产权是合法利用"废物"的前提，而技术则是利用"废物"的硬性条件，获取比较利益则是利用"废物"的根本动力。然而，现实中废物资源化的三项条件很难被同时满足，因此紧迫而关键的是通过加强政府干预与加大国际合作力度，加速推进资源环境要素内生于国民经济的价值形成体系。

上述分析表明，物质循环利用模式在本质上只是对待"废物"的观念不同于传统的线性经济模式，这种循环模式是在假定废物资源化完成的前提下构想的一种经济形态，而废物资源化具有明显的不确定性，这使得基于这种假定下的物质循环利用模式的研究具有明显的不确定性。因此，"资源—产品—再生资源"的物质循环利用模式不能被看作循环经济的本质特征。

如果同时考虑单个经济行为主体和多个经济行为主体，且以系统、整体地节约资源为衡量标准，不难推断出实现资源高效利用与循环利用、避免同类产品的重复交易、避免生产过剩与过度消费是实现资源可持续利用的三大途径，也是循环经济理论研究的重点内容。此外，有文献指出外部性与公地悲剧的治理是循环经济的本质①，但事实并非如此，因为外部性与公地悲剧理论源自新古典经济学的思想，而循环经济源于"宇宙飞船经济"思想，两者出发点不同，前者强调的是一种消极治理，后者强调的是一种积极应对，这在经济发展政策制定等方面均有体现。

---

① 王保乾. 循环经济发展模式及实现途径的理论研究综述［J］. 中国人口·资源与环境，2011 (S2)：1-4.

二、循环经济的外延

以上关于循环经济内涵的分析表明，循环经济本质上是关于资源可持续利用的理论，资源效用是循环经济理论关注的永恒主题，循环经济与传统经济的本质区别在于资源效用的衡量标准不同，传统经济的资源效用可以用现行的货币衡量，体现的是纯粹的经济价值；而循环经济的资源效用不仅需要体现经济价值，还需要体现环境价值和社会价值。

由于技术水平、历史文化背景的不同，不同经济行为主体对同类资源的环境价值、社会价值的挖掘能力也不尽相同。因此，循环经济注重资源效用关于三种价值共同体现的渐进实现，而不是生态经济强调的同时实现。这是循环经济区别于生态经济的主要特征。那么，什么是三种价值的渐进实现呢？首先，需要注意一个现实，即现行的国民经济核算体系短期内难以改变。也就是说，短期内资源效用仍需用GDP衡量，那么环境价值和社会价值的度量似乎难以实现。其次，虽然目前难以对环境价值和社会价值进行直接衡量，但可以通过对比不同经济行为主体同类资源的效用得到不同经济行为主体的"差距"，这种"差距"意味着经济行为主体某类资源效用的提升空间。与生态经济倡导的对经济行为主体资源效用进行单独的综合测度相比，对不同经济行为主体资源效用的对比测度更具操作性。

总体上，循环经济的本质属性是"经济"，其外延是"社会"和"环境"与"经济"的关系。具体而言，循环经济的研究对象是满足人类生存和发展的资源效用的最大化与最优配置，其核心是考虑社会、环境因素影响下的资源节约，循环经济的研究范围包括资源节约与社会公平、环境保护之间的关系研究，但社会公平和环境保护本身并不是循环经济的研究内容。

第二节　循环农业理论

循环农业通过采用生物技术、信息技术以及工程措施等，循环利用农业资源，对能量进行有效转换，最终达到提高农业资源利用效率、提升农业综合效益、促进农业可持续发展的目标，是以低消耗、低排放、高效率为基本特征，按照循环模式进行生产的农业，是一种集约型生产经营的方式。这种集约型方式相对于以往的"高耗、低效"的粗放型农业来说是一个质的变革，它正逐渐成为世界农业发展的主导模式，必然对我国新农村的建设和农业现代化的实现起到积极、巨大的作用。发展循环农业有助于充分利用农业资源、促进农业效益和收益；有助于推动农业可持续化发展、不断提升农业的经营管理水平；有助于保持农村自然环境、促使农业生态化发展；有助于改善生活消费观念和方式，使全民素质不断提高。

循环农业是一种全新的理念和策略，是促进人口、资源、环境相互协调发展的农业经济增长新方式。循环农业强调农业产业间的协调发展和共生耦合，调整产业之间的相互联系和相互作用方式，构建合理而有序的农业产业链，以实现农业在社会经济建设中的多种功能。循环农业模式是在先进的农业生产经营组织方式下，由新型的农业生产过程技术范式、优化的农业产业组合形式构成的，集安全、节能、低耗、环保、高效等特征于一体的现代化农业生产经营活动的总称。

循环农业是循环经济发展的重要组成部分，也是农业领域推进绿色发展的产业切入点。循环农业是促进人口、资源、环境相互协调发展的经济增长新方式，其目标是建立资源利用的"闭合循环"生产体系或"无废料"生产体系。循环农业就是把循环经济的理念应用于农业生产，在农业生产过程和产品生命周期中延伸产业链条，以最少的资源消耗、最小的环境代价生产最多的优质农产品和以农业为基础的衍生品，进而从根本上缓解资源约束的压力，解决我国农业面临的基本矛盾。《全国农业可持续发展规划（2015~2030年)》提出推进生态循环农业发展，重点在于优化调整种养业结构，促进种养循环、农牧结合、农林结合等方面。因地制宜地推广节水、节肥、节药等节约型农业技术，以及"稻鱼共生"、"猪—沼—果"、林下经济等生态循环农业模式。发展农业循环经济是实施循环经济理念、建立资源节约型社会的关键性基础环节，也是解决农业资源与环境问题、推进农业生态文明建设的必然选择。

一、发展循环农业遵循"4R"原则

循环农业发展要遵循"4R"的原则，[①] 即减量化原则（Reduce）、

---

① 周震峰. 循环农业的发展模式研究［J］. 农业现代化研究，2008，29（1）：61-64.

再利用原则（Reuse）、再循环原则（Recycle）和重组化原则（Reor-ganize）。其目的是为了能够真正实现农业生产源头预防以及全过程治理，其核心是农业自然资源的节约和循环利用，以求最大限度地发挥农业生态系统的功能，推进农业经济活动优化配置。

减量化原则，可以概括为"九节一减"，即节地、节种、节水、节电、节肥、节粮、节药、节柴（节煤）、节油和减人，也就是最大限度地节省农业投入成本。再利用原则，就是指对各类农产品、水产品、林产品、土特产品及其初加工后的副产品及有机废弃物进行系列开发整治，深度利用，反复加工，不断创收增值。再循环原则，即将农村中的农业废弃物（秸秆、农膜等）、养殖中的畜禽粪便、生活垃圾等，化害为利，变废为宝，使之再回到农业生态系统链条当中去，目前在农村中比较常见的就是沼气的使用。重组化原则，是以农业系统最优化运行为目标，重组农、林、牧、副、渔等产业结构使之转型，以达到资源配置的整体最优。从"4R"原则可以看出，发展循环农业必将成为农业经济实现快速、全面、和谐发展的首要选择。

二、循环农业的三个基本特征[①]

（1）循环农业遵循循环经济理念的新生产方式，生产流程"循环化"。其生产流程按照"投入品→产出品→废弃物→再使用→新产出品"的反馈式流程组织运行。经过多次利用和转化后，将向外界排放的废弃物质和能量减少到最小。

---

① 黄贤金. 循环经济：产业模式与政策体系［M］. 南京：南京大学出版社，2004.

（2）循环农业以资源节约和高效利用为导向，在不破坏环境的前提下实现经济目标。合理有效利用有限的农业自然资源，通过相应的信息技术和工程技术把农业生产经济目标和生态环境目标有效地结合起来，走出经济发展与环境冲突的困境。

（3）循环农业以零排放为动力，把污染降到最低。循环农业使农业废弃残渣物得以有效利用、延缓甚至终止其向外排放，减少了向外界生态环境排放的次数和排放数量，使污染降到最少，从而保持生态环境和保护人们身心健康。

三、循环农业的四个循环层次

（一）农业产业内部之间的循环

农业产业内部的物质和能量交错使用，相互影响和促进，最终实现废弃物零排放或最小化。例如种植业中各种农作物的间作、轮作与套种，林药间作、农林间作等；养殖业中的立体养殖，具体模式有陆地立体圈养和水体立体养殖等。

（二）农业产业之间的循环

农业产业之间相互交换物质和能量，使废弃物得以回收和重新利用。例如种和养结合的稻田养鱼，稻田为鱼提供适宜的生长环境，鱼吃稻田里的杂草和害虫，鱼粪还可以肥田，减少了稻田中化肥和农药的使用量。鱼田两者相得益彰、互惠互利。

（三）农产品间的生产循环

在农产品生产中推行减量化清洁生产，并在生产过程中注重防止和控制污染，使资源消耗量和污染排放量达到最小。例如节水灌溉，优化省肥栽培和生物防治等。

（四）农产品消费之间的循环

农产品在消费时和消费后的物质和能量的循环。例如粮食作物，其秸秆可以饲养家畜，其籽粒可以供人食用；而家畜肉也可以供人食用，此外人畜粪便又可以肥田。

第三节　循环农业模式

在 20 世纪 70 年代末，马世俊先生就提出了生态工程思想，这成为后来生态农业设计和建设的主流；朱明、齐飞[①]（2007）提出了"生产、生活、生态"循环经济集成模式，它是以生产发展为核心，以生态运行为要求，以生活改善为目的的一个较为完整的科学循环过程。"三生"模式即："生态产业" + "设施农业" + "大田种植业" + "农村服务业"，它讨论了特定边界条件下集成模式的确定问题。骆世明[②]（2009）把生态农业模式分为景观层次的农业土地利用布局——景观模式，生态系统层面的农业生态系统组分能物流连接——循环模式，群落层面的生物种群结构——立体模式，种群层次的生物关系安排——食物链模式，个体与基因层面的动植物品种选

---

① 朱明，齐飞. 农业循环经济与"生产、生活、生态"集成模式［A］//节能环保和谐发展——2007 中国科协年会论文集（三）［C］. 2007.
② 骆世明. 生态农业的模式与技术［M］. 北京：化学工业出版社，2009.

择——品种搭配模式。模式的基本类型借鉴了生态学的生物组织层次，有利于分别利用景观生态学、生态系统生态学、群落生态学、种群生态学、个体生态学、分子和化学生态学的理论指导模式进行深入研究，在不同层次上综合农业各学科和其他学科的理论与方法。林涛、梁贤[①]（2009）提出生物依存关系模式：一是产业内部设计，即立足于某一个产业，利用生物间的互生共存关系，有效配置与开发各种自然资源，在产业内部形成物能多元循环利用生态链，促进产业系统物质和能量的良性循环，提高农业产投比，实现经济、社会和生态效益的高度统一。二是产业与产业之间的设计。即以优势物种资源开发为基础，利用生物间的相互依存关系，通过设计不同产业的优化组合与配套联动，促进物质循环利用和能量合理流动，在产业与产业之间形成高效循环的产业链条，实现资源利用与产业开发、环境保护的有机统一。三是区域设计，在某个特定区域（如市、区、县、乡、村或农场等）内，围绕动物、植物、微生物的生态关系，对区域内的优势物种资源进行产业化、生态化设计与开发，建立与当地经济社会发展水平相适应的农业产业生态链，培育特色产业，促进区域经济的发展。

郑军[②]（2008）提出生态农业集群：要实现生态农业与产业集群的互动，形成生态农业一体化和复合化，最终实现良性循环的新型生态农业模式。实践中，生态农业集群要注重"双链"建设，即产业链和生物链建设；吴大付、陈红卫、王小龙、李忠佩、何园球[③]（2008）

① 林涛，梁贤. 基于生物依存关系的生态农业建设研究［J］. 农村经济，2009（5）.
② 郑军. 生态农业集群理论与区域实践研究［D］. 山东农业大学博士学位论文，2008.
③ 吴大付，陈红卫，王小龙，李忠佩，何园球. 我国红壤丘岗区不同生态农业模式的可持续性比较研究［J］. 中国生态农业学报，2008（5）.

根据农业可持续发展原理，采用主成分分析法和综合评价法对纯粮、农牧林、农牧果、农牧加、农牧蔬、农果、农牧药材和农牧八种生态农业模式的可持续指数进行分析，发现以纯粮模式可持续指数最小，农牧加模式可持续指数最大，从而得出农业生态系统组成越复杂其可持续指数就越大，就越有利于可持续发展的结论。

现代农业循环模式的主要表现特征是物质安全高效地循环利用，经济发展模式由线性经济转变为循环经济模式，资源利用效率可大幅度提高，减少废弃物的产生，降低对环境的压力，为人类社会健康发展创造良好的生态环境。结合中国近30年来经济持续高速增长带来的环境问题，以及资源供给的紧张和生态环境保护的压力等情况来看，循环经济发展模式已经成为中国构建资源节约型和环境友好型社会的重要实践途径，是中国实现转变经济发展方式的路径之一。循环农业经济发展模式从本质上看，是通过采纳和利用先进的科学技术，实现物质资源高效率的安全、循环利用，从而获得经济效益、生态效益和社会效益三者综合效益最大化（齐建国，2013）[①]。

综合以上介绍可知，我国学者对农业循环模式已经有了一定的理论研究，要以生态经济学、循环经济学的原理为基础，利用动物、植物、微生物的相互依存关系，因地制宜地合理开发利用各种自然资源，要从产业、区域、政策等层面进行农业产业生态链的设计。本书对循环农业模式的设计正是以上述理论观点为准则的。

---

① 齐建国. 循环经济与绿色发展——人类呼唤提升生命力的第四次技术革命［J］. 经济纵横，2013（1）.

第四节 现代农作制度理论

一、现代农作制度理论综述

现代农作制度的范围覆盖了农、林、牧、副、渔各业，不仅包含了农业的种植、养殖、耕作等，还包括了对农产品的加工以及农产品的流通，农业废弃物的加工处理等，相比较传统的耕作制度而言是一个大农业，是一个复杂的系统工程。现代农作制度主要是指在现有的自然资源、经济状况和科技水平等条件下，以可持续发展和系统论作为总指导思想，合理有效配置资源，综合高效率地利用土地、劳动力、资金、技术等生产要素，使技术组合得到不断优化，是一个纵横交叉的复合的管理系统。现代农作制度融合了各种农业管理模式，包括种植制度、土壤管理制度、养殖制度等。现代农作制度围绕种植制度的种植、布局、间种、轮作等，十分注重对土壤结构的管理，有专门的土壤管理制度，覆盖了对土壤耕作、防草除草、施用化肥、排水灌水等的管理，在农业生态平衡和可持续发展指导思想的指引下，高效利用并合理配置各种资源，通过不断改善农业的生产条件以及农业基础设施，最终达到农业优质高产、生态和谐、绿色安全和农民收入不断增收的效果。现代农作制度集合了多熟农作制度、集约农作制度和高效农作制度的各项优势，通过合理利用作物由于种类品种的不同而导致的生长时间、生长环境等的差异，构造组合成两种或两种以上作物的复合种植群体，运用作物在时间、空间以及土地上集约等方面的协调重组，高效保质地利用光、水、热等自然资源，以期达到农业收入的最大化。

二、现代农作制度的特点

（一）现代农作制度通过调整产业结构，促进农作物增产和农民增收

传统的耕作制度最常见的是粮粮和粮油搭配型，主要是为了解决人类的温饱问题。当前，农业生产成本不断提高，粮粮和粮油生产模式已远不能满足农民对农作物的合理回报要求。而现代农作制度利用不同物种的生长发育在时间、空间和营养等方面生态特性的不同，综合考虑各方面的特点，将农、林、牧、渔、副五业进行统筹规划、合理安排，形成种和养结合，粮和经结合，养殖业内混养、套养、轮养等综合农业循环系统，并构建出一套将资源利用、技术共享、组织生产和开拓市场融于一体的新型农作体系，从而使整个农业系统既确保了粮食增产，又实现了农业生产效益的提高和农民收入的增加。

（二）现代农作制度重视地区生态优势，因地制宜选择农业模式

每个地方的自然、气候、生态条件均存在差异，即使是同一地域内，各个村镇的自然条件也不尽相同。现代农作制度注重各地自然环境的差异，因地制宜创新农作模式。如在平原地区提倡种养结合、粮

经结合，推广既能实现粮食优质高产，又能与养殖业结合的复合经营模式。在山区、半山区，则鼓励粮、饲、牧相结合的新技术和"五园"养殖新技术，用玉米秆和饲草做饲料养殖奶牛、山羊，利用竹园、茶园和果园养殖家禽。

（三）现代农作制度以发展生态农业为导向，实现农业可持续发展

现代农作制度在合理利用农业资源和有效保护生态环境思想的指导下，坚持走农业循环经济和可持续发展的道路。现代农作制度首先是遵循减量化发展模式，通过集约高效利用土地、提高农业投入的利用效率等途径来达到资源高效利用的目的，即节约用地、节约用水、节约用药、节约用肥、节约用电等。其次是遵循再利用循环模式，也就是在治理农业面源污染的同时，加强对农作物废弃物和排泄物等的综合利用，把畜牧业、种植业、农产品加工有机联合起来，形成各种资源共同利用的大小循环模式。

三、循环经济理念下的现代农作制度

循环农业理念来源于丰富的生态哲学思想，又称农业循环经济。作为一种先进且实用的经济发展模式，它可以让人们站在一个全新的整体视角看待现代农业的发展问题。它将循环经济思想引入现代农业生产的全过程，在既定的农业资源存量、环境容量以及生态阈值综合约束下，从节约农业资源、保护生态环境与提高综合效益的起点出发，以追求更高的经济效益、更少的资源消耗、更低的环境污染和更多的劳动力就业为目标，把现代农业生产与生态环境保护有机地结合起来，

通过末端物质能量的有序回流来有效地形成物质能量循环利用的闭环农业生产体系①。这对于转变我国农业高投入、低产出、低效益、资源高消耗的增长方式以及缓解资源相对紧缺与人们需求增长的矛盾将起到积极作用，从而可以避免过度利用、生态退化、环境恶化、灾害多发等一系列问题的扩展与蔓延，以求有效地统筹协调农业与资源、生产与环境的关系。很显然，大力推广农业循环经济对促进区域农业可持续发展，实现现代农业建设的战略目标具有重要的实践意义。

循环农业作为一种新的增长方式，其核心是贯彻科学发展观与可持续发展战略，应用循环经济理论与产业链条延伸的理念，重点要在"节约、保护、利用、拓展"四个环节上下功夫，实现农业由单向式资源利用向循环式梯级利用、集约高耗型向节约高效型转变，拓展和延伸农业产业链条，推进农业生产清洁化、农村废弃物的资源化。在发展理念上，要从大产业、大生态、大农业的角度，确立乡村农业循环经济的新理念。用循环经济的思路指导农业生产，摒弃依靠消耗资源来发展经济的做法，优化配置乡村资源，提高资源利用效率，建立有利于节约资源和环境友好的生产与生活方式。

通过上述介绍可以得出，现代农作制度与循环农业的指导思想是一脉相承的，循环农业正是在现代农作制度思想的指导下发展壮大的，本书在对以养殖业为主的循环农业模式的设计过程中，也遵循了现代农作制度理论。本书设计的以养殖业为主的循环农业模式涉及了养殖业、种植业、林业、渔业和加工业等多个行业，整个流程以养殖业的

---

① 马其芳，黄贤金，彭补拙等.区域农业循环经济发展评价及其实证研究［J］.自然资源学报，2005，20（6）：891－899.

产物——生猪和猪的排泄物——粪便的流向为主线，综合考虑规模养殖、水稻种植、蔬菜种植以及生猪加工的协调发展，同时辅以荒地造林、渔业养殖及食用菌培养，在多方位、多渠道增加农民收入的同时还有效保护了环境，真正体现了发展生态农业和可持续发展的现代农业发展观。

第五节　系统动力学理论

一、系统动力学概述[①]

系统动力学（System Dynamics，SD）的概念首先出现在 1956 年，是由美国麻省理工学院（MIT）的福瑞斯特（J. W. Forrester）教授提出的。系统动力学是一门分析研究信息反馈系统的学科，也是一门认识系统问题和解决系统问题的交叉综合学科。从系统方法论的角度来说：系统动力学是结构的方法、历史的方法和功能的方法三者的统一。它基于系统论，但同时又吸收了信息论、控制论的精髓，是一门综合自然科学和社会科学的横向学科。系统动力学运用"凡系统必有结构，系统结构决定系统功能"的系统科学思想，根据系统内部组成要素互

---

① 贾仁安，丁荣华. 系统动力学——反馈动态性复杂分析［M］. 北京：高等教育出版社，2002：1－3.

为因果的反馈特点，从系统的内部结构来寻找问题发生的根源，而不是用外部的干扰或随机事件来说明系统的行为性质。

系统动力学是在总结运筹学的基础上，为适应现代社会系统的管理需要而发展起来的。它不是依据抽象的假设，而是以现实世界的存在为前提；不追求"最佳解"，而是从整体出发寻求改善系统行为的机会和途径。从技巧上说，它不是依据数学逻辑的推演而获得答案，而是依据对系统的实际观测信息建立动态的仿真模型，并通过计算机试验来获得对系统未来行为的描述。简单而言，"系统动力学是研究社会系统动态行为的计算机仿真方法"。具体而言，系统动力学包括如下几点：一是系统动力学将生命系统和非生命系统都作为信息反馈系统来研究，并且认为在每个系统之中都存在着信息反馈机制，而这恰恰是控制论的重要观点，所以，系统动力学是以控制论为理论基础的。二是系统动力学把研究对象划分为若干子系统，并且建立起各个子系统之间的因果关系网络，立足于整体以及整体之间的关系研究，以整体观替代传统的元素观。三是系统动力学的研究方法是建立计算机仿真模型——流图和构造方程式，实行计算机仿真试验，验证模型的有效性，为战略与决策的制定提供依据。

系统动力学对问题的看待，是基于系统行为和内在机制之间紧密的依赖关系，并且通过数学模型建立操控，纵观全程而获得的，并逐步挖掘出其变化形态产生的因果关系，即系统动力学中所称的结构。系统动力学强调整体地考虑系统，了解系统的组成及各部分的交互作用，并能对系统进行动态仿真实验，考察系统在不同参数或不同策略因素输入时的系统动态变化行为和趋势，使决策者可尝试在不同情境下采取不同措施并观察模拟结果，打破了从事社会科学实验必须付出高成本的条件限制①。

系统动力学模型是一种因果机理性模型，它强调系统行为主要是由系统内部的机制决定的，擅长处理长期性和周期性的问题；在数据不足及某些参量难以量化时，以反馈环为基础依然可以做一些研究；擅长处理高阶次、非线性、时变的复杂问题。由于系统动力学在研究复杂的非线性系统方面具有无可比拟的优势，因此已被广泛应用于社会、经济、管理、资源环境等诸多领域。结构其实就是一组环环相扣的行为或决策所构成的网络，其模式的构成主要包含下列几项元件："流"（Flow）、"积量"（Level）、"率量"（Rate）和"辅助变量"（Auxiliary）。流的种类包含订单流、人员流、现金流、设备流、物流与信息流，这六种流归纳了一般组织或企业运作所包含的基本运作结构；状态变量表示真实世界中可随时间推移而累积的事或物。除了实体可见的状态变量如存货、人数、金钱、污染物质的总量等，还包含无形不可见的状态变量如能量、压力等；状态变量的值由控制该状态变量的速率决定，一个状态变量可由数个速率来控制，速率又可分为流入速率与流出速率，而状态变量即是由流入速率与流出速率之间的差经过一段时间的累积所形成的。辅助变量主要有三种含义，第一表示数据处理的过程；第二表示某些特定的环境参数值，为一常数；第三表示系统的输入测试函数或数值。前两种情况都可视为速率的一部分，其与速率共同形成某一特定目的的管理控制机制，最后一种则用以测试模型行为的各种不同情境。

---

① 王其藩. 高级系统动力学［M］. 北京：清华大学出版社，1995.

二、系统动力学的内容及特点

系统动力学主要内容包括：

(一) 系统因果关系分析

这里包括普通的因果关系图和动态性复杂与基模分析技术，主要是利用彼得·圣吉提出的七种基模（即成长的上限基模、成长与投资不足基模、舍本逐末基模、恶性竞争基模、富者愈富基模、共同悲剧基模和饮鸩止渴基模）对问题进行分析。其中，成长上限基模和饮鸩止渴基模是最常发生也是最常用的基模，因果关系图和彼得·圣吉的基模是系统动力学建模的必备技术。

(二) 系统动力学结构模型的建立

包括流图模型，关键变量入树建模、二部分图建模、传递扩大法建模、流率基本入树法建模等。它是在因果关系图的基础上建立各个要素变量之间的量的关系。

(三) 仿真技术及反馈环计算

在定性分析模型的基础上把一些实际数据代入基模方程进行分析计算，最后得出定量的结论。反馈环计算对于结构分析、基模确立、模型调试和结果分析均起着非常重要的作用，而仿真时利用计算机信息存储容量大、功能强的特点，设计专有的仿真技术，将细节描述复杂的数学方程进行反馈式的上机计算，产生动态反馈作用，揭示系统的整体性，得出直观想不到的结果。

系统动力学利用数学模型来描述客观事物与系统内部的结构、关系以及规律。但模型不能成为真实系统的复制品，它只能是客观事物与系统的一种典型代表，对系统进行突出本质的简单描述。所以要构造出有效性高、真实性强的系统动力学模型，就必须对相关的系统进行系统分析与结构分析。建模人员必须深入地洞察实际系统各组成部分之间，整体与局部之间，系统内部与外部之间的种种关系和作用，以及这些作用与联系随时间、空间的变化而演变的历程。通过历史的和全面的系统动态分析比较，获得对系统全面、辩证的认识，并把这些一起体现到模型的结构、变量和参数中去。总体说来，系统动力学研究解决问题的方法就是一种定性与定量结合，系统思考、全局分析、综合判断的方法。

通过以上介绍可知，系统动力学可在宏观层次和微观层次上对复杂多变的大规模系统进行综合研究，可以应用于研究解决社会、经济、管理、生物和生态等复杂系统问题中，因此越来越多的专家、学者把系统动力学运用到各个领域。系统动力学模型被人们称誉为实际系统的实验室，经模型模拟后可以获得丰富多彩的信息，这些信息对拟定解决问题的方案有直接影响作用。故本书把系统动力学方法理论运用到循环农业模式设计中去，并应用系统动力学的基模分析技术分析循环农业系统运行的动力机制，具有很强的理论依据和实践意义。

第六节 可拓共轭分析理论

一、可拓学概述[①][②]

可拓论能够按照一定的程序产生创意,利用计算机和网络去生产创意。创意的生产将使人类进入创意竞争的时代,创意不再是靠灵机一动,而是能够按照一定的规律和程序产生。利用计算机和网络速度快、储存量大这两个优点去生产解决矛盾和问题的成批创意,特别是各种各样的新产品、新方法和新技术的构思。

可拓学(Extenics)是以蔡文为首的由中国学者创立的新学科。可拓学是一种研究事物拓展的可能性以及开拓创新的规律与方法,并最终用来解决各种矛盾、问题,它有别于生物学、电工学、机械学等纵向学科,是与数学、信息论、系统论、控制论等相类似的横断学科。

1983年,中国的《科学探索学报》发表了我国学者蔡文的一篇文章"可拓集合和不相容问题",首次提出了研究处理矛盾和问题这一方向,经过20多年的研究,形成了一个研究这个方向的团队。他们建立了产生创意的理论体系——可拓论,研究了产生创意的方法体

---

① 杨春燕,蔡文. 可拓工程 [M]. 北京:科学出版社,2007.
② 杨春燕. 可拓学的方法论 [A] //可拓学的科学意义与未来发展 [C]. 香山科学会议第271次学术讨论会文集,2005(12):35-38.

系——可拓方法，探讨了这套理论和方法在多个领域的应用——可拓
工程。可拓论、可拓方法和可拓工程构成了一个新的学科——可拓学，
它专门研究创意是如何生成的，以及如何利用计算机和网络去生产
创意。

可拓理论从新的角度为人们认识和分析现实世界，解决现实世界
中的矛盾问题，提出了一种新的方法论。可拓方法通过对矛盾问题进
行分析、变换、推理、判断，最终生成解决矛盾和问题的有效方法，
将人们的创造性思维过程形式化和定量化，并为人们用形式化模型完
成"发现问题—建立问题模型—分析问题—生成解决问题的策略"的
过程提供了理论依据与方法。

可拓论研究事物拓展的可能性和开拓创新的规律，是可拓学的基
本理论。可拓论的三个支柱是基元理论、可拓集合理论和可拓逻辑。
基元理论包括可拓分析理论、共轭分析理论和可拓变换理论；可拓集
合理论包括可拓集合和关联函数等。可拓逻辑是将形式逻辑的形式和
辩证逻辑的思想相结合而产生的新型逻辑。

可拓论是可拓学的基本理论，目前已初步确定可拓论的核心是基
元理论、可拓集理论和可拓逻辑，可拓方法是其运用方法，而可拓工
程便是可拓论和可拓方法在各个领域当中的应用。研究用形式化的模
型分析事物拓展的可能性和开拓创新的规律，形成解决矛盾和问题的
方法，对于提高人类智能有重要的意义。

二、可拓学的方法论体系

可拓学从一种崭新的角度为人们认识、分析和解决现实生活工作

中的矛盾和问题，提出了新的方法论。可拓方法论①是在可拓学的思想体系指导下产生和形成的，可拓方法包括拓展分析方法、共轭分析方法、可拓变换方法、可拓集方法、优度评价方法和可拓思维模式，它有如下的基本特征：

（一）形式化和模型化

可拓学采用形式化语言表达事、物、关系和问题，建立问题的可拓模型，表达量变和质变的过程及临界状态，表达策略的生成方法和生成过程。

（二）可拓展和可收敛

即在一定的条件下，任何对象都是可拓展的，拓展出来的对象又是可收敛的。

（三）可转换和可传导

可拓学研究事物的质量之间的可变性，是非之间的可转化性，既研究直接变换，也研究变换的传导作用。

（四）整体性和综合性

可拓学从四个角度对物的整体性进行共轭分析，全面具体地认识物和各个基元。

三、共轭分析方法

对物的结构进行研究，可以帮助利用物的各个部分以及各部分之

① 杨春燕. 可拓学的方法论［A］//可拓学的科学意义与未来发展［C］. 香山科学会议第271次学术讨论会文集，2005（12）：35－38.

间的相互关系来解决各种矛盾问题。物具有物质性、系统性、动态性和对立性四个特性，称之为物的共轭性。根据物的共轭性特征，并利用物元和关系元作为工具，对物的虚部与实部、潜部与显部、软部与硬部、正部与负部进行形式化分析，叫做共轭分析方法。共轭分析法通过对物的各个共轭部分进行分析和相互转化，可以得到解决矛盾和问题的多种答案和方法。

共轭分析法一般是假设 M_{re}、M_{im}、M_{hr}、M_{sf}、M_{ng}、M_{ps}、M_{lt}、M_{ap} 分别表示其实部基元与虚部基元、硬部基元与软部基元、正部基元与负部基元、显部基元与浅部基元，统称其为类基元，而对它们当中的子类，称为"子类基元"，记为 M_{re1}、M_{re2}、M_{re3}、M_{re4}…对于它们中的每一个体所包含的基元则称之为"个基元"。为解决具体的矛盾和问题，有时是对各共轭部所形成的类基元进行分析变换，有时则是对各共轭部形成的子类基元和个基元进行分析变换。

循环农业模式设计的准绳便是可持续发展，即要变"不利"为"有利"或消除"不利"，对废弃物进行循环利用，充分保证农业环境的正常性和发展性；而可拓共轭分析便是为解决具体的矛盾和问题而对各共轭部所形成的类基元进行分析变换。故本书在循环农业系统结构模型的设计中利用了可拓共轭分析法来解决系统运行中的矛盾和问题，分别对提高养殖收入进行了虚实共轭分析，对养殖过程中的污染问题进行了正负共轭分析，对沼气使用过程中的污染问题进行了正负共轭分析。

四、可拓评价方法

可拓评价方法①②是可拓学中评价一个对象，包括事物、策略、方法等优劣的基本方法。它应用可拓集合中的关联函数对事物进行多指标、多级别的综合评价，并给出定性和定量的表达结果，其中定性的结果采取最大关联度原则，而关联度值则给出具体关联程度的量化表达，其基本流程如图 2 - 1 所示：

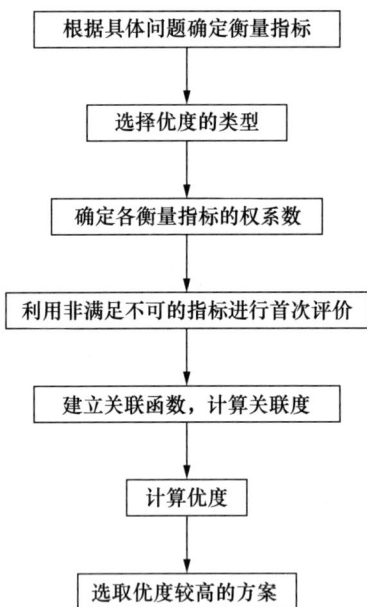

图 2 - 1 可拓评价方法流程

---

① 高洁，戴建新，王雪红. 可拓决策方法综述 [J]. 系统管理学报，2004，13（3）：264 - 271.
② 李立希，杨春燕，李烨汉. 可拓策略生成系统 [M]. 北京：科学出版社，2006.

第七节 生猪养殖业

农业是人类社会利用自然环境中的资源，依靠生物本能的生长发育，将自然系统中的能量转变为产品的过程。养殖业是利用畜禽等已经被人类驯化的动物，以自然系统中的植物性的产品作为饲料，通过人工繁殖饲养，利用动物本身的消化及转变合成的特性，将植物性的饲料转化为动物能，从而获得人类所需要的肉、蛋、奶、毛等系列畜产品的过程。养殖业与种植业是农业的重要组成部分，是人类社会与自然生态系统之间进行物质能量交换的重要环节。生猪养殖业是指养猪场户通过繁殖、饲养生猪，将植物性产品转化为动物性产品，为市场提供可供屠宰继而加工、消费的商品猪的生产活动。

随着我国经济的不断发展，人民生活水平有了显著提高，消费者对食品，尤其是肉制品的需求越来越旺盛，这为养殖业带来了前所未有的机遇。受我国居民主要饮食习惯的影响，生猪养殖长期以来都是我国养殖业的主要内容。近年来，我国生猪养殖业得到了蓬勃的发展。然而，长期以来农业主要以家庭为单位进行生产，虽然我国大力发展"工厂化"大规模现代养殖，但散户养殖仍然是生猪养殖的手段和途径之一。

我国生猪产业规模位居全球第一，国家统计局公布的数据显示，2015 年我国猪肉产量为 5487 万吨，同比下降 3.3%，但仍占我国肉类总产量的 64.9%。虽然我国生猪产业规模巨大，但产业发展的自然条件和经济基础比较薄弱，产业发展面临着五大挑战：耕地和水资源缺乏，生产成本高；规模化经营水平和生产效率较低；疫病频发；食品安全丑闻导致消费者信任度低；环境压力大[①]。目前，生猪养殖业污染治理问题已经成为我国生猪产业健康发展必须要解决的重大问题之一。

畜牧业养殖污染已经成为农业面源污染的重要来源。中国环境保护部公布的调查数据显示，畜牧业产生了农业源污染中 95.78% 的化学需氧量（COD）、37.89% 的全氮、56.34% 的全磷、97.76% 的铜和 97.82% 的锌排放量。2005 年，全球生猪产业链排放了 6.68 亿吨二氧化碳等值的温室气体，占畜牧业温室气体排放量的比重为 9.41%[②]。平均来看，每千克猪肉排放 6.1 千克二氧化碳等值的温室气体[③]。中国生猪产业逐步向规模化转型，环境污染已经成为制约生猪产业发展的瓶颈之一[④]。

2001～2013 年我国生猪养殖业化学需氧量（COD）、全氮、全磷、铜和锌产量因子分析主成分估计参数和主成分值如表 2-1 所示。因子分析中排除了氨氮指标，因为氨氮和全氮有重复。样本充分性检验 KMO 值介于 0.642～0.688，Bartlett 球形检验值在 99.9% 可置信水平

① Tao H. J., Xie C. P. A Case Study of Shuanghui International's Strategic Acquisition of Smithfield Foods [J]. International Food and Agribusiness Management Review, 2015, 18 (1): 145 –165.

② Gerber P. J., Steinfeld H., Henderson B., et al. Tackling Climate Change through Livestock – A Global Assessment of Emissions and Mitigation Opportunities [R]. Food and Agriculture Organization of the United Nations (FAO), Rome, 2013: 15 –18.

③ MacLeod M., Gerber P., Mottet A., et al. Greenhouse Gas Emissions from Pig and Chicken Supply Chains – A Global Life Cycle Assessment [R]. Food and Agriculture Organization of the United Nations (FAO), Rome, 2013.

④ Schneider M., Sharma S. China's Pork Miracle? [R]. Agribusiness and Development in China's Pork Industry. External Report of the Institute for Agriculture and Trade Policy, USA, 2014.

上显著。因此，采用因子分析方法估计我国生猪养殖业主要污染物产量主成分值是可行的。

表 2 - 1 生猪养殖业污染物主要成分

年份	主成分估计参数					主成分值/万 t
	COD	全氮	全磷	铜	锌	
2001	0.215	0.202	0.209	0.197	0.214	675.21
2002	0.215	0.202	0.209	0.197	0.214	691.07
2003	0.215	0.202	0.209	0.197	0.213	717.44
2004	0.215	0.202	0.209	0.197	0.213	748.48
2005	0.215	0.202	0.209	0.197	0.213	799.71
2006	0.215	0.201	0.210	0.198	0.214	803.19
2007	0.216	0.202	0.210	0.198	0.215	687.23
2008	0.216	0.202	0.211	0.197	0.215	757.06
2009	0.216	0.202	0.211	0.197	0.215	792.14
2010	0.217	0.202	0.211	0.197	0.215	810.33
2011	0.217	0.202	0.211	0.197	0.215	808.17
2012	0.217	0.203	0.211	0.197	0.215	846.75
2013	0.217	0.203	0.211	0.197	0.215	866.49

2013 年我国生猪养殖业污染物产量主成分值为 866.49 万吨，比 2001 年增加 28.33%，年均增长率为 2.10%。2001～2013 年，我国生猪出栏量年均增长率为 2.23%。生猪养殖业污染产量增长率略低于生猪出栏增长率，这说明我国生猪养殖业中的环保问题正在逐渐被解决。

要解决生态环境保护和发展生猪养殖产业之间的矛盾，必须发展循环经济，走可持续发展道路。一要完善治污设施，对猪栏的排污设施进行合理布局，尤其是要对农户住宅附近老式猪栏的排污设施进行改造，猪栏要做成水泥地面，并在猪栏中设置排污口，定时清理，定期将排泄物倒入沼气池或运到田中。二要发展循环经济。利用猪粪能生产沼气的原理，在当地建设沼气池，生产出来的沼气可以用于日常生活，沼液和沼渣还可以作为肥料用于农业生产。

宋连喜[1]（2007）分析了我国生猪散养中的优势与存在的问题。他认为，无论从饲料资源、农村劳动力资源的利用效率，还是从农业生态经济效益的比较，以及生猪市场的价值贡献来看，农户散养相对于企业规模化养猪来说都具有较大优势，有存在的合理性与必要性。他还认为，生猪散养模式的发展趋势是，未来农户饲养生猪继续呈现区域性不平衡趋势，经济发展水平的提高促使一部分农户扩大饲养规模，就业渠道的扩展与多种产业的发展促使一部分农户放弃养猪业。于爱芝[2]（2005）利用国内资源成本模型对中国生猪养殖业的比较优势进行了实证研究，对农户散养、专业户饲养和国企及集体企业大规模饲养三种方式下生猪比较优势的差异进行对比，认为国企和集体企业的比较优势最明显，专业户饲养次之，农户散养最低。Key（2003）[3] 对不同规模的生猪生产进行研究后发现，尽管随着养猪规模的增大，总生产成本在下降，但从各单项的成本费用项目来看，许多中、小规模的养殖场更具有竞争力，因为小规模的养殖场更方便管理，在降低生产成本方面，管理能力与规模经济同等重要。

生猪饲养散户不能一味地追求大规模，要结合自己现有的条件选择合适的饲养规模和生产模式，以达到资源的最优化利用。对于缺乏劳动力的农户来说，饲养当地土猪是个不错的选择，这样既能充分利

① 宋连喜. 生猪散养模式的利弊分析与趋势预测 [J]. 中国畜牧杂志, 2007 (18)：21-30.
② 于爱芝. 中国生猪饲养业比较优势分析 [J]. 农业技术经济, 2005 (1)：40-44.
③ Key N. McBride. Production Contracts and Productivity in the US Hog Section [J]. American Journal of Agricultural Economics, 2003 (11).

用农业生产中的各种廉价资源，又能最大化地发挥劳动力的作用，而且土猪具有适应性强、少病患等特点，对养殖技术要求不高。同时，目前城市居民对这种土猪肉比较偏好，且价格明显高出瘦肉型猪两元左右，具有较好的经济效益。家庭劳动力充裕，农业资源丰富的农户适合饲养土杂猪。土杂猪不仅具有耐粗饲、对恶劣环境忍受力强、适合本地气候、对疾病抵抗力强、相对于土猪而言生长速度更快等特点，而且可以用野草、野菜以及剩下的饭菜、米糠等饲喂，运用这些材料，只需要再适量投入一些麸皮、预混料、玉米等，其饲养成本相对较低。同时，相对于瘦肉型猪，杂交良种非常适合养殖规模较小的散户，因为瘦肉型猪只有用含有丰富蛋白质的饲料饲养才能生长瘦肉，而且瘦肉型猪都是进口品种，具有适应性不强、易患病的特点，对养殖户的技术要求也较高，因而农户小规模散养不适合饲养瘦肉型猪。对于经济基础雄厚、饲养技术过硬的养殖户而言，规模化饲养三元杂交猪比较适宜。三元杂交猪比本地猪生长速度快，饲养周期短，饲料转化率高，能更有效地节约成本。

生猪养殖模式是指养猪场户在既定的条件下，主要是生猪适宜的繁殖条件下，保持生猪健康生长的猪舍环境和外部生存条件，采取一定的经济手段和养殖技术相结合的，实现生猪养殖生产达到一定出栏量的规范化养殖方式。虽然学者划分出多种养殖模式，但不同养殖模式可采用不同标准的养殖方式。借鉴前人的观点，本书所要设计的生猪养殖模式即是在资源与环境双重压力下，使得养殖生产在对环境带来尽可能小的影响的前提下达到一定产量而采用的经济与技术相结合的规范化养殖方式。

本章小结

　　本章介绍了循环农业理论，包括发展循环农业遵循的"4R"原则，循环农业的基本特征，循环农业的四个循环层次；阐释了循环农业模式、现代耕作制度理论及其特征、系统动力学理论、可拓共轭分析方法理论，介绍了生猪养殖业的整体情况，并把以上理论方法与本书的研究内容相结合，分析论证了本书选用以上方法理论的合理创新性。

第三章　循环农业模式设计研究

第一节　循环农业模式设计概述

在我国政府推动下，各地纷纷建立了循环农业示范市（县）、现代生态农业基地、有机食品生产基地和林业循环经济示范企业（产业园区）等。部分地区如辽宁、浙江、安徽、江苏、贵州等省在借鉴已有模式的基础上，因地制宜地发展适合本地特点的模式。但从总体上看，农业循环经济发展较慢，仍难以实现农业可持续发展的目标，而且多依靠政府引导与政策扶持，从全国来看仍处于一种试点状态，其推广行为仍是一种政府行为，而非农民自发行为。

我国农业循环经济在发展过程中仍存在障碍或制约因素：

一是思想方面。农民缺乏循环经济观念，往往为了眼前的利益而牺牲生态环境；对农业循环经济发展的宣传渠道和形式单一，舆论宣传缺乏力度。这两个原因导致在农业生产过程中资源短缺、生态破坏和环境污染等问题日益突出，从政府官员、农民企业家到普通农户对农业循环经济的认识都有待提高。

二是技术方面。科学技术支持动力机制的缺乏和农业科技成果转化应用能力不足等导致农业技术研发滞后，缺乏支撑农业循环经济发展的关键技术，技术要素投入不足。另外，某些废弃物不能进入循环利用流程再处理，造成了循环链断裂并形成新的污染源，这些主要是由生产主体对农业产业循环链的技术路线比较模糊，没有建立完善的技术支撑体系等原因造成的。

三是资金方面。现代农业循环经济设施的建设和管护成本较高，且政府投入有限，尤其是在农业循环经济发展前期；加之农村融资渠道少，农户或企业以自身力量难以满足中长期农业循环发展对资金的大量需求。

四是体制方面。

（1）农业生产体制。我国农业生产一般以户为单位，以个体劳力为基础，这种粗放型的生产活动造成农业资源利用效率低与浪费严重的问题，同时由于农业循环经济的外部性、缺乏利益驱动和保障体系不完善等给农业循环经济发展模式的尝试和推广带来一定的困难。

（2）机制保障。因缺乏有效的激励机制和政府引导，未建立起完整的政策支持体系，对生产者责任延伸制度、再生资源分类回收与处理费用机制等市场失灵的领域缺少政府宏观调控和政策激励。另外，不少学者认为以经济效益为主要指标的政府政绩考核机制、利益驱动机制的缺乏、市场的不完备性和信息不对称等问题也成为制约农业循环经济发展的主要因素。

（3）保障体系。缺少健全的法律保障体系和完善的科技支撑体系，尽管目前循环经济相关法律在我国已经颁布了多部，但在农业循环经济方面，法律体系和框架的支持还不够完整。由于科技基础薄弱，目前尚未发展形成一套完整的科技体系来支撑农业循环经济发展；组织和管理体系缺失，也亟待建立适合农业循环经济发展的制度保障。

要解决目前面临的循环农业发展中的问题，基于统筹城乡、产业协调发展的背景与框架、协调的理念和系统的观点来分析问题是大部分研究人员所认同的方法。设计出切合实际的循环农业模式是首要任务。循环农业系统是由农业生态、农业经济、农业技术等子系统相互联系和作用形成的高阶多级复合系统，所以循环农业模式的设计是一项系统性工程，必须从系统的角度出发，进行全面规划、科学设计，使得所构建模式能够保持稳定并且促进各方面协调发展。将循环农业模式设计作为一个系统工程来建设，就必须经过系统分析、系统思考、系统结构建立、系统预测等过程。

循环农业模式设计简单来说就是在低消耗、高效率、低排放理念的指导下，根据循环农业的特征和目标，并结合外部环境特征，对循环农业发展模式进行系统规划和统筹安排，实现经济和社会的可持续发展。主要是围绕农业发展目标即农民增收、污染减少、粮食安全和土壤健康等，对土地利用、空间布局和各项农业流程做出具体安排，其核心就是农业资源的合理利用。

本书运用可拓共轭分析理论及系统工程原理，对循环农业模式设计内涵进行系统思考，将循环农业模式设计看做一项由农业生产各个子系统构成的系统工程，通过系统分析，提出了以"目标体系、设计原则、设计任务、设计因素"为内涵的循环农业模式设计框架体系，以期对循环农业模式设计的发展起到推动作用。

第二节　国外循环农业模式借鉴①

一、减量化为主的模式

该模式主要是指在满足农业生产物质需求的情况下，减少农业投入成本，减少对自然资源的索取，从而减少人类经济活动对自然生态系统的压力，提高农业生产效率②。具体地说，就是实现"九节一减"，即节水、节地、节肥、节电、节油、节粮、节种、节药、节柴、减人。减量化既是循环经济的重要原则，也是现代社会持续发展的基础理念。

该模式比较典型的案例是美国的精准农业和以色列的节水农业③。美国的精准农业也称精确（细）农业，追求以最少的投入获得高产出和高效益。指导思想是根据田间每一操作单元的具体条件，精准地管理土壤和各项作物，最大限度地减少农业投入（如化肥、农药、水、

---

① 陈冲. 临安市农业循环经济典型模式研究［D］. 浙江农林大学硕士学位论文，2015.

② 徐卫涛，张俊飚，李树明，周万柳. 循环农业中的农户减量化投入行为分析——基于晋、鲁、鄂三省的化肥投入调查［J］. 资源科学，2010（12）.

③ 刘渝，杜江. 国外循环农业发展模式及启示［J］. 环境保护，2010（8）.

种子等）以获取最高产量和经济效益，减少使用化学物质，保护农业生态环境。精准农业是"减量化"的循环农业模式，是现有农业生产措施与高新技术的有机结合，其核心技术是"3S"（GPS、GIS、RS）技术和计算机自动控制系统。20世纪70年代，随着电脑技术的发展，美国将信息技术引入农业领域，开始了对精准农业的探索。1990年后，美国将GPS系统技术应用到农业生产领域，在明尼苏达州农场进行了精确农业技术试验，经GPS指导施肥的作物产量比传统平衡施肥作物产量提高了30%左右。试验成功后，小麦、玉米、大豆等作物的生产管理都开始应用精确农业技术。20世纪90年代中期，精准农业在美国的发展相当迅速，到1999年，安装有产量监测器的收割机的数量增长到9000台。

美国作为世界上最大的农业生产国和出口国，也是农业循环经济高度发达的国家之一。其发展农业循环经济的主要经验是，完全立足国情，审时度势，通过健全法律体系、推广新农作模式、发展精准农业、重视技术研究、教育及财政支持来促进农业循环经济发展①。

二、再利用为主的模式

该模式将传统的农业单项目生产方式转变为多项目的链接循环模式，通过这种循环链实现生态养殖、循环种植，最终实现可持续性发展的农业经济产业链②。该模式以延长产品和服务的时间强度为特

---

① 何龙斌. 美国发展农业循环经济的经验及其对中国的启示［J］. 世界农业，2012（5）：19－22.
② 胡金梅. 浅析农业循环经济发展的模式［J］. 北京农业，2011（30）：37－38.

征，其特点是通过建立再使用机制，使人们尽可能多次以及以多种方式使用在经济体系中流通的产品，避免产品过早地被丢弃，成为废弃物。具体的模式有：种植业自身循环模式、"猪—沼—果"生态农业模式、农村生产生活循环模式等。

该模式典型的案例是日本爱东町"菜花工程"模式①和德国的"绿色能源农业"模式②。日本爱东町地区循环农业的核心内容是大力发展油菜生产。一方面，油菜籽利用后遗留的油渣，可以通过堆肥或饲料化处理变为优质的有机肥料或饲料；另一方面，废弃食用油可回收，再加工处理成生物燃油。爱东町的"菜花工程"在发展过程中不断完善，逐步形成了以油菜生产和综合利用为核心的农业循环经济模式，并形成了具备开发关联产业、实现环境保护、加强资源循环利用、发展旅游产业、发扬传统文化等多项功能的社会经济发展模式。爱东町循环农业的发展保护并改善了当地的生态环境，提高了农民的生活水平，促进了经济健康快速发展，达到了经济、环境和社会发展的协调统一。

日本在发展农业循环经济的过程中，认识到法律对社会发展的指引和依托作用，建立了完备的法律体系。从 20 世纪 70 年代开始，日本政府就相继颁布了《循环型社会形成推进基本法》等多部法律，制定了一系列法律法规，构建了完善的循环农业法律体系，从而实现了农业的可持续发展。

---

① 唱潇然. 日本农业循环经济的发展模式及经验分析 [J]. 世界农业, 2013 (6)：1 - 3.
② 余霜，李光. 国外循环农业发展模式及对我国的启示 [J]. 广东农业科学, 2012, 39 (4)：183 - 184.

三、资源化为主的模式

该模式尽可能多地实现废弃物的再循环利用，目的在于实现资源性废弃物回收利用率的最大化①。

该模式的典型案例是日本菱镇的循环农业及英国的"永久农业"模式。日本菱镇是发展农业循环经济较早且较成功的地区，采用的是将农业生产和生活中的废弃物转化为有机肥，实现废弃物资源化的农业循环经济模式。其废弃物再利用模式是将农业生产过程中的废弃物处理再利用，集能源、环保、资源为一体的最典型的农业循环经济发展模式②。1988年，该镇通过了《发展自然农业条例》，规定农业生产中禁止使用农药、化肥和其他非有机肥料，生产的农产品需是无化肥、无农药添加残留、无公害的有机农产品。此后，菱镇将小规模下水道污泥、家禽粪便以及企业的有机废物作为原料投入到发酵设备中，产生的甲烷气体用于发电，剩余的半固体废渣进行固液分离，固态成分用于堆肥和干燥，液态成分经处理后再次利用或者排放（排放时已基本对环境无害），实现了废物的高度资源化和无害化。此外，菱镇对厨房垃圾进行统一收集和处理，制成有机肥。

英国的"永久农业"是循环经济中废物资源化的一种重要形式，其特点是在节约资源和不破坏环境的基础上，通过元素的有效配置达到有利关系的最大化。种植者们通过循环利用各种资源来节省能源，

---

① 马江. 对循环经济基本原则——减量化原则的思考 [J]. 生产力研究, 2010 (6): 17 – 18.
② 彭世良, 吴甫成. 有机废弃物在生态农业中的多级利用 [J]. 生态经济, 2001 (7): 66 – 68.

如用香烟头来收集雨水、变粪便为有机肥料、实行秸秆还田。"永久农业"尽可能节约使用土地资源，强调使用多年生植物；鼓励使用自我调节系统，耕种土地时，通过多种类种植和绿色护盖等技术来保养土地，监控当地环境，构建绿色发展规划。"永久农业"不使用人造化肥和杀虫剂，通过种植多样性的植物以及促使食肉动物进入生态系统来阻止害虫。

四、生态产业园模式

关于"生态产业园"，到目前为止还没有明确的定义。综合来看，产业园区是一组概念的集合，是具有前三者特征的复合型模式，包括产业园、产业区、产业带、产业群和商业园等。区别于一般产业园，生态产业园区是一个包括产业、社会和自然的地域综合体，是依据循环经济理论和产业生态学原理设计而成的一种新型产业组织形态。生态产业园类型多样，主要包括生态工业园、生态农业园、生态旅游区和静脉产业区等[①]。

20 世纪 90 年代开始，生态产业园区逐渐成为世界产业园区发展领域的主体，一些发达国家如美国、德国、法国等，很早就开始规划建设生态产业示范园区，其他国家如泰国、菲律宾、纳米比亚和南非等发展中国家，也在积极兴建生态产业园。菲律宾的玛雅农场是一个成功的生态产业园典范。该类园区无论在农业生产区、生态脆弱区、生态资源优势区还是沿海城郊经济发达区，皆可以通过多种经营和多

---

① 韩良，宋涛. 典型生态产业园区发展模式及其借鉴 [J]. 地理科学，2006，26（2）：23.

级循环利用方式，形成一个良性循环的生产网络，从而获得较高的经济效益和生态效益。

综观国外生态产业园区发展模式，其特点是：涵盖类型多样，园区的发展模式紧密融入区域发展特点，有效规避了同类园区之间的竞争，园区的特色经营成为经济发展的一个亮点；园区的形成和发展多以市场机制为导向自发形成，政府扮演服务者角色。生态产业园区中，一体化治理结构的集团型企业相对较少，以双边治理结构的综合园区型生态产业园居多。在园区的发展过程中，离不开企业和大学等科研学术机构，相关学术研究起到了重大作用，为园区的规划与建设提供了智力支持[①]。

西方发达国家都是以立法为先导，因地制宜地制定相关法律法规。政府、公众、涉农组织等都依照法律规范，在农业循环经济发展中发挥作用。比如美国建立了较完备的法律及规章制度，规范了农业循环经济的发展。大多数发达国家发展农业循环经济都是以国家政府为主导，通过制定相应的法律法规和经济政策，来激励、约束并推动涉农企业、家庭农场及农户等农业生产者进行循环农业生产活动。各国都采取了必要的经济和行政措施，为发展农业循环经济提供政府支持。西方发达国家政府从理念、经济和技术等方面，推动了农业循环经济发展的政策性保障措施的建立，从政策、贷款和税收上给予支持，以鼓励农民和涉农企业进行生态农业投资。

---

① 赵仁川．典型生态产业园区发展模式及借鉴［J］．行政事业资产与财务，2012（5）：101-102.

第三节　循环农业模式设计的目标

综观国内外已有的循环农业模式，我们可以发现，循环农业是兼顾农业系统的经济效益、社会效益及生态效益的农业发展模式，其目标必然在这些方面中得到体现。

一、经济效益

调整农村产业结构、扩大农民就业和发家致富；发展循环农业，实行集约化经营；增加农产品的生产品种，深化农产品的加工，进行资源的综合利用和开发；防治污染，采用高新技术和实用技术改造传统产业等做法，都会增加和拉长农业产业链条，带动农村产业结构的调整和优化升级，这样既提高了农业劳动生产率和经济效益，又为农民提供了更多的创业门路和就业机会，为农民增收、走向富裕开辟出新的途径；不但避免了资源的浪费，还带动了农村第二产业的发展，调整了农村的产业结构，同时也解决了农村劳动力的就业问题。

稳定农业收入，促进农民收入来源多样化，对秸秆、畜禽粪污进行加工和综合利用，是农业系统内部的自然良性循环，既可减少浪费和污染，又可为农民进行多种经营、提高经济效益提供不尽的资源，从而促进农民增收和农村经济的持续繁荣。

二、社会效益

缓解农业资源压力、实现农业可持续发展。资源不足必然影响和制约农业的发展，而且我国农业资源利用率低，浪费严重，主要表现在四个方面：一是农业资源使用粗放单一，使用率和产出率低，没有充分发挥其效用；二是农作物秸秆未得到合理有效的利用；三是畜禽粪便未能有效利用；四是大量使用化肥不但导致土地板结、肥力下降、地表水体受到污染，还增加了生产化肥的能源（煤、天然气）和矿产资源（磷、钾等）的消耗。循环农业将资源高效利用和循环利用这一原则贯穿到从生产到消费的整个过程中，贯穿了农业产品的全生命周期，实时实效性强。在农业资源投入、生产、产品消费及其废弃的全过程中，把依赖农业资源消耗的线性增长传统经济体系转变为依靠生态型农业资源循环利用发展的经济体系，通过废弃物—资源对接的方式将不同的农业生产环节联合成一个物资能量回流环，以达到资源多次利用和减量化目的。

三、生态效益

循环农业运用循环经济理论规律来指导农业生产活动，以农业生态产业链为载体，在满足减少资源投入量要求的同时，最大限度地减少废弃物产生量及其排放量；以清洁生产为重要手段，把农业各个生产环节和内容在时空上重新排列，重新组织农业生产流程，让物质能量在封闭循环中实现重复利用，从而最大限度地减少废弃物向农业系统之外的排放，有效地将排放控制在环境容量和生态承载力范围之内，实现农业生产和生态环境保护目标的有机统一。

第四节　循环农业模式设计的原则

循环农业模式的合理与否是决定循环农业发展水平的一个重要因素，故经过比较分析，本书总结出循环农业模式设计要遵循以下原则：

一、循环农业模式设计遵循农业环境与自然环境相和谐的原则

农业的发展，必然要对自然环境进行改造，故在发展农业经济的同时也要减少甚至杜绝对人类赖以生存的自然环境的破坏和损害，要始终记住，任何经济发展的目标都是为人类服务的，而良好的生态环境是使目标达成的根本保障，在进行循环农业模式设计时要充分认识到这点，要始终把保护生态环境放在工作的首要位置，实现农业环境与自然环境的和谐统一，经济效益与环境效益的统一，走可持续发展的道路，因为可持续发展是经济发展和生态环境保护两者达到和谐的必然之路。

二、循环农业模式设计遵循地方性与时代性相结合的原则

所谓地方性，就是反映当地的气候、地理条件、人们生活习惯等的因素，还包括对传统的继承和发展。而时代性就是用发展的眼光看问题，要有建设性和创新性。循环农业模式设计就是要根据当地的客观条件和历史传统，因地制宜，合理利用资源，以期达到资源的最优配置，按照自然地理规律和社会经济发展的要求，以发挥比较优势，提高农产品竞争力为重点，使优势农产品形成较为合理的区域生产布局，并向优势产区集中。各地的自然资源条件不同，循环农业发展模式也不同，故具有地方性；同时，循环农业模式设计又要摒弃那些高耗低效的农业模式，要不断寻求更合理更优的农业发展模式，在这个过程中，要不断创新理念，大胆革新，运用新工具、新原料和新技术等，故具有很强的时代性。循环农业模式设计在充分考虑地方性特征的同时又要兼顾时代性特征。

三、循环农业模式设计遵循稳定性与动态性相交替的原则

循环农业模式的设计应在增加产出的同时注意保护资源的再生能力，将资源开发、利用和保护相结合，提倡保护性开发。因此，应特别重视农业生态、经济组成部分的多样性，即种群多样性、产业多样

性以及用地构成多样性，力求系统生产能力最大，系统结构最稳定①。模式设计是循环农业建设的结构调控技术，需要在建设过程中不断进行调整，尤其是随着循环农业建设的不断深入，在不同的建设阶段都需要对所采取的模式进行再设计，以适应形式的变化②。

四、循环农业模式设计遵循系统性与个别性相融合的原则

循环农业模式是一个内涵丰富、有机统一的复杂系统，本质上具有系统发展的基本特性。任何系统都是一个内在层次多样的复杂整体，构成要素的多样性是系统自身得以形成有机整体的内在条件。在模式设计中应不断总结新的实践经验和汲取国外优秀成果，从多方面入手去研究和总结，将其诸方面内容和各个层次有机统一起来，使之形成和谐统一的有机整体，以构建一个层次多样、内涵丰富的循环农业发展模式③。循环农业模式的各个层次、环节均是整体的有机组成部分，而每个层次的科学技术管理等成分不尽相同，所以在不同的循环层次中要把握相应的重点，把每个环节做好才能使整体系统有序运转起来。

①　崔兆杰，司维，马新刚. 生态农业模式构建理论方法研究［J］. 科学技术与工程，2006（7）：1854－1857.
②　张壬午，计文瑛. 论生态农业模式设计［J］. 生态农业研究，1997（9）：1－5.
③　周震峰. 循环农业的发展模式研究［J］. 农业现代化研究，2008，29（1）：61－64.

第五节　循环农业模式设计的任务

一、促进农业经济增长

农业经济增长是新农村建设中提高村民生活水平的基本条件，故循环农业模式设计的重要任务就是要保证农业经济的不断增长，充分实现农业的经济效益。要大力发展知识经济和利用先进的科学技术，使农业实现不断增收；还要优化经营理念，根据市场需求进行生产加工，并运用现代营销理念打造出特色品牌；不断拓宽市场销售渠道，增加销量以保持经济平稳增长。

二、保护利用农业资源

资源问题是继人口和环境两大问题之后逐渐受到人们关注的第三大问题。所以循环农业模式设计要切实从保护耕地、土壤和水等资源的角度出发，科学、合理、高效地利用现有农业资源。要减少耕地的浪费，种植适宜的农作物，充分利用好每一块耕地；减少甚至杜绝对土壤和水资源的污染；大力建设节水工程，并根据地形特征，做好雨水集蓄利用的工作。

三、控制和减少农业残留物的排放[①]

根据循环农业的"4R"原则，一定要尽量控制农药、化肥、农膜等的使用，减少有害物质在土壤、水体和农产品中的残留。所以在进行循环农业模式设计时，可以将农村中的农业废弃物（秸秆、农膜等）、养殖中的畜禽粪便、生活垃圾等，根据其化学特性利用现代科技进行加工，化害为利，变废为宝，使之再回到农业生态系统的链条当中去。

四、增加绿色食品的供给

随着生活水平的提高，人们对食物的要求也越来越高。"入口"的东西既要美味，又要有营养、卫生、无污染。不含有害物质残留的绿色食品便成为人们渴望的食品，绿色食品犹如绿色的春潮，正快速涌入人们的生活。因此，绿色食品的开发和生产也正成为农业生产和食品加工的必然趋势。因此循环农业模式设计的过程中要尽量把绿色食品的生产和加工作为重要环节。

---

① 黄贤金. 循环经济：产业模式与政策体系［M］. 南京：南京大学出版社，2004.

第六节　循环农业模式设计因素分析

循环农业是将循环经济的思想引入农业生产而形成的，其模式设计必然在宏观上秉承循环经济理论。循环农业系统是一个高阶多级复合系统，所以循环农业模式的设计是一个系统性工程，在技术操作层面必然运用着系统工程理论。根据我国循环农业建设的经验及农业生态经济的特点，循环农业模式设计的内涵必须具有农业生产系统的产品与商品内涵、以资源利用为基础的产业内涵及以自然生产条件为主要内容的景观内涵[①]。循环农业模式设计的因素涉及很多领域，在设计一个循环农业模式之前，必须结合该地区的特点分析相关因素，才能明确设计时的侧重点和方向，下面对其主要因素进行分析：

一、市场需求

特定的循环农业模式所输出的产品在市场上能否行销并获得令生产者满意的纯收益是判断这个模式有效与否的关键因素，产品能带来良好的经济效益，生产者才会有积极性。而一种农产品在商品市场上是否行销，生产者的经济收益如何，一方面受居民收入水平、消费结

---

① 李莎莎. 循环农业模式设计与动态评价研究［D］. 南昌大学硕士学位论文，2009.

构和市场价格的制约；另一方面还受生产成本、运输距离和运输条件及产品自然属性的制约。

二、自然资源

阳光、温度、水源、大气、土壤等自然资源状况对循环农业模式的约束很大，甚至起着决定性作用。尤其是耕地资源，我国人均耕地面积不足世界人均耕地面积的一半，并且呈现出分布极不均衡、质量不高、退化严重、负荷率较高等特点。这些均直接影响着循环农业的快速健康发展，已成为发展循环农业的一大障碍。

三、资金及技术水平

发展循环农业，资金是不可缺少的，尤其是在发展前期，必须有较大的资金投入进行基础设施建设，才能满足发展循环农业的基本要求。另外，一定的生产结构总是同一定的技术结构相适应，若以低功能技术结构承担高功能生产结构，则经济效益必定很差。因此技术水平也是进行循环农业结构模式设计时所要考虑的一个重要因素。

第七节 循环农业模式设计步骤及概念框架

一、循环农业模式设计步骤[①]

循环农业模式设计主要有以下四个步骤，如图 3-1 所示。

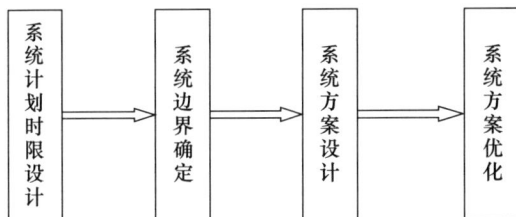

图 3-1 循环农业设计步骤

（一）系统计划时限设计

系统计划时限要适宜，过长或过短都不利于系统的运行。发展循环农业投入多，且回报期较长，不可能很快就有经济效益，鉴于这一特点，循环农业模式系统设计中所计划的时间不宜太短，否则除了不利于生态农业整体建设外，也不利于落实生态农业建设规划目标；同时，自然因素和市场对产品需求变化的影响也使得计划期限不宜定得

---

① 李莎莎. 循环农业模式设计与动态评价研究［D］. 南昌大学硕士学位论文，2009.

太长，否则难以进行准确预测，设计结果易落空。

（二）系统边界确定

确定系统边界，即确定系统的规模和等级，确定系统涵盖变量的范围。在实际工作中系统边界是根据设计目的而定的，以县、乡、村甚至庭院为边界进行设计。首先要系统收集相关资料，如当地农业、林业、水利、土壤等资料，然后调查自然资源、社会经济、经营活动和各行业的生产水平及存在问题；之后要对该地区进行系统诊断，具体包括调查系统所在地区自然资源分布、社会发展程度、经济运行状况等各类信息，其中自然资源方面主要是考察地形、气候、土壤、水利情况；社会发展和经济运行等方面的调查内容应涉及人口规模、农业区划、农村产业结构、经营方式等。在此之后，利用农业区划成果，依据资源潜力、生态经济特点及持续发展的限制因素进行分区设计。由于所设计的系统是更高一级系统中的一个结构单元，因此设计中还应包括本系统外的环境分析。

（三）系统方案设计

系统方案设计是生态农业模式系统设计的核心工作，其在系统诊断与分析的基础上，根据规定期内的发展目标，找出提高系统功能的突破口和关键问题，绘制该系统实现持续协调发展的模式图，包括产业及种养种群结构的确定、畜牧业、种植业及水产养殖业的时空排布；在此基础上提出相应对策及配套技术，通过定量计算和优化设计，提出农、林、牧、渔、工等产业发展规模的合理比例以及投入和输出物质的种类与数量。在模式设计阶段主要对系统结构进行调整，通过调整改善资源利用方式、技术构成和系统对外部环境的影响。在系统组分确定后，关键是对各组分进行时空配置设计，其配置方式为空间资源利用型。

（四）系统方案优化

系统方案优化设计是系统工程的核心任务，其是在系统综合分析的基础上，提出使原有系统结构优化、功能提升的一种或者几种方案，继而比较各可控因素允许变动范围内的不同方案，最终寻找实现系统预期目标最优方案的过程。

生态农业系统的优化设计可从四个层次着手：

（1）外延大农业系统边界，利用系统开放特性，增强系统内部与外部的物质、能量交换。

（2）在大农业系统内部对各子系统进行优化组合，如养种联结、林牧联结、畜牧沼气系统等，使农、林、牧、副、渔按适宜比例协调发展。以上两个层次侧重产业结构及用地构成的优化，可依据资源潜力、生态经济特点及可持续发展适宜度进行分区设计。

（3）在各个子系统内部对结构单元进行合理配置，如在养殖业内部改善家畜生长环境，控制养殖规模等，使之形成生态农业系统的最佳结构。

（4）根据生物之间的异性和共生关系形成空间、时间及物种的合理配置，使处于不同生态位的生物类群在系统中充分发展，提高阳光、水和养料的资源利用率，减少系统中的递增。

二、循环农业模式设计概念框架

本书依据循环农业模式设计的原则、步骤及其任务，结合可拓共轭分析和系统动力学方法理论的特性，在现代农作制度理论的指导下，构建出一种全新的循环农业模式设计的概念框架：首先根据农业区域特点对循环农业物质能量的排放进行可拓共轭分析，其次设计循环农业的整体流程图，最后运用系统动力学原理构建循环农业的结构模型以进行综合论证评价，如图3-2所示。具体通过下章设计的以生猪养殖业为主的循环农业模式来进行论证说明。

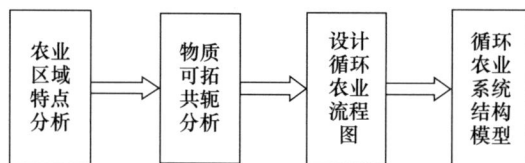

```
┌────────┐     ┌────────┐     ┌────────┐     ┌────────┐
│ 农业   │     │ 物质   │     │ 设计   │     │ 循环   │
│ 区域   │ ──▶ │ 可拓   │ ──▶ │ 循环   │ ──▶ │ 农业   │
│ 特点   │     │ 共轭   │     │ 农业   │     │ 系统   │
│ 分析   │     │ 分析   │     │ 流程   │     │ 结构   │
│        │     │        │     │ 图     │     │ 模型   │
└────────┘     └────────┘     └────────┘     └────────┘
```

图3-2　循环农业模式设计概念框架

本章小结

循环农业是现代农业发展的方向，不同的条件下有不同的循环农业发展模式。循环农业模式设计是否有规律可循？这是循环农业发展的一个重要研究内容。本章先是阐释了循环农业模式设计的必要性和概念，总结出了循环农业模式设计的目标体系、原则、任务及其影响因素，再沿着"设计目标—设计原则—设计任务—设计影响因素—设计步骤"的思路模式构建循环农业模式设计的框架体系：先结合具体问题界定系统边界，再对循环农业物质能量的排放进行可拓共轭分析，设计循环农业的整体流程图，最后运用系统动力学原理构建循环农业的结构模型以进行综合论证评价。

第四章 以生猪养殖为主的循环农业模式设计

循环农业养殖模式强调的是将循环经济理念应用在生猪养殖生产中，整个生产过程遵循循环经济减量化、再利用、再循环、再重组的"4R"原则，采用相关技术和组织方式形成资源—产品—再生资源的养殖模式，如图4-1所示。

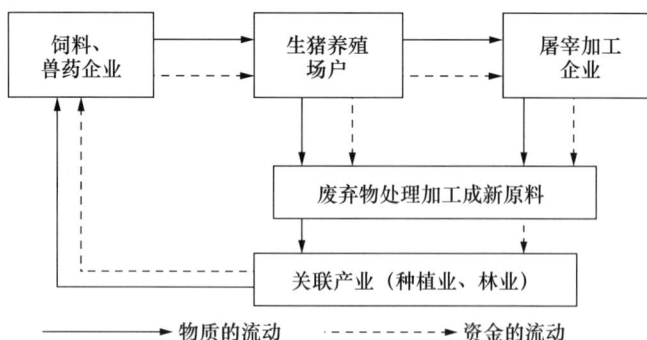

图4-1 循环农业养殖模式利益主体

　　通过图 4 - 1 可看出，资源投入到生猪养殖过程中，生产出主产品给屠宰加工企业，养殖过程中的废弃物经过加工处理会形成下游种植业的原料。因此，若要实现完整的循环，必须加入饲料等前端产业和废弃物处理及消纳等后端产业，包括有机肥加工厂和种植业等产业。但能否实现真正意义上的循环，养殖场户作为循环经济链条的中心环节，其行为选择在一定程度上影响着循环经济的实现与否。

　　资源紧缺和环境恶化问题使得我们急需探寻适宜的循环经济养殖模式。循环经济养殖模式的运行需要资源减量化、资源充分利用以及资源循环再利用的技术支撑来实现物质的循环和废弃物排放的减量化。资源的循环利用是基础，而仅仅实现物质的循环不是循环经济，当采用循环技术实现物质循环所带来的收益小于投入的成本时，这不是真正意义上的循环经济，因此循环经济中产生的养殖利益是推动循环经济养殖模式发展的动力，同时合理的利益分配机制是养殖模式稳定发展的关键。养殖场户若随意排放废弃物导致环境恶化，具有负的外部效应，而采取循环经济养殖模式能够带来正的外部效应，因此需要政府推行系列政策以促进循环经济养殖模式的推进。环境是社会公众可等量化消费的公共物品，养殖场户在初期投入大量的固定成本以改善环境，所以初期环境改善的边际成本较高；但随着基础投入的完成，后期改善环境的边际成本就会降低，所以要合理划分投入周期。构建适宜的循环经济养殖模式反过来可以促进循环技术的开发，促进养殖模式相关主体利益的合理分配，促进政府政策的不断完善，最终保障资源的高效率利用和生态环境。

　　依据循环农业模式设计的原则及其任务，结合可拓共轭分析和系统动力学方法理论的特性，在现代农作制度理论的指导下，构建出一种全新的循环农业模式设计的概念框架：首先对循环农业物质能量的排放进行可拓共轭分析，其次设计循环农业的整体流程图，最后运用系统动力学原理构建循环农业的结构模型以进行综合论证评价。

第一节 生猪养殖业现状及丘陵地区农业特点分析

一、生猪养殖业现状

长期以来，生猪产业都是畜牧业中的龙头产业。据美国农业部分析，2012 年，世界各国猪肉产量中国增长势头最强劲，中国猪肉产量增加了 32 万吨，达到 5160 万吨，占全球猪肉产量的 49.6%。目前，国际上的猪养殖模式大致分为三种，即澳新模式、欧美模式和传统模式。根据经营规模的不同，欧美模式又分为北美模式和欧洲模式。北美模式以雄厚的资金、技术和丰富的土地资源为基础，该生产经营模式以美国和加拿大两国为代表。由于缺少劳动力资源，北美模式走的是集约化大农场生产道路，其现代化程度高。而欧洲模式则是指德国、法国、荷兰、奥地利等国家的生猪养殖模式。这些国家土地和劳动力资源相对稀缺，但资本和技术实力雄厚，经营模式以中等规模为主。传统的养猪模式具有充分利用农作物副产品等非常规饲料，减少饲料用量，节约资源的特点，是广大发展中国家的养猪业发展模式。

中国是世界上第一大猪肉生产国。养殖模式是经济发展的产物，中国的国情决定了中国的养殖模式是多元化的。到目前为止，中国的生猪养殖模式主要包括以散养户为主的传统养殖模式、小规模和中等规模的专业户过渡养猪模式、大规模集约型的现代养猪模式以及现代畜牧业中的生态（发酵床）健康养猪模式和棚—猪—沼—菜结合的循环养殖模式。当前中国生猪生产主要集中在西南、长江中下游、华北及东北四大地区。

中国生猪养殖产业的地理集中度不高，生猪养殖规模化水平较低，大部分生猪以农户散养为主。中国生猪散养户以及大量中小规模养殖户为中国养猪业的发展起到了一定的积极作用，但其受规模、资金和人员的限制，生产和管理经营比较粗放，科学饲养意识淡薄，精细化管理严重滞后，这些弊端使中国养猪业面临着重大疫情风险和市场风险。随着养猪业的不断发展和改革，传统的养猪模式已经越来越不适应现代科学养猪的要求了，消除散养化模式已是大势所趋，规模化、专业化的养殖模式已成为了必然趋势。

二、丘陵地区农业特点分析

中国南部丘陵山区的总面积大约 310 万平方公里，其中耕地约0.34 亿公顷（其中旱地约占一半），草山草坡约 0.67 亿公顷，人口 4亿多，人均耕地 0.067 公顷多一点[①]。可以说丘陵地区耕地资源严重短

---

① 陈德敏，王文献. 循环农业——中国未来农业的发展模式［J］. 经济师，2002（8）：8 - 9.

缺，人多地少，而且农产品结构单一，种植业产品以稻谷为主，养殖业产品以猪肉为主。这一地区农业生产系统的主导产业是种植业和养殖业，其中养殖业又以生猪养殖为主，生猪规模养殖是农民在农业生产领域增加收入的一条重要途径。如江西省委明确提出"发展农业、后劲在畜"。以井冈山西部萍乡市湘东区排上镇兰坡村为例，生猪规模养殖收入占农民全部收入的 90% 以上，是该村农民农业收入的主体。但是生猪养殖产生的大量粪便对环境造成了极大污染，虽然近些年在政府的引导下，一般生猪规模养殖户都实施了粪尿沼气开发工程，但是沼气工程又会产生大量沼液，这同样会对稻田和环境造成很大污染。

兰坡村农业问题的改善可以依据现代农作制度中的相关理论进行。依照国际农作制度协会（AFSRE）的解释，农作制度（Fanning System）主要研究农业生产技术，以及这些技术的应用与推广，以满足人类社会对食物品质和生存质量不断提高的需求；它同时还研究资源利用方式及其效率，以推动全球农业的可持续发展。农作制度包含了种植、养殖、加工及要素的合理配置。农作制度重视各种技术之间的关联性以及技术在生产系统中应用时要素之间的协调性，实现技术优化组合和促进系统要素更合理的配置是农作制度的最显著特征。因此我们要在兰坡村的农业系统中加入加工业，同时构建整个生产系统中各要素的关联性，进行兰坡村农业系统流程再造。

第二节　循环农业模式设计的可拓分析

农业生态系统需要借助人工投入及其辅助才能维持正常的生产功能和系统运转。在生态系统中，物质流动不是单向、不可返的，而是循环往复的，是物质由简单无机态到复杂有机态，再返回简单无机态的再生过程。物质在流动的过程中只会发生形态改变而不会消失，可以在系统内永恒地循环，不会成为废物。因此，农业生态系统如果得到合理调控，物质就可以在系统内更新，不断地再次被纳入系统循环中，能量效率也得到持续提高。但相对于生态系统而言，物质是有限的，且分布也很不均匀。如何控制物质在农业系统中的流动，使得系统内的物质得到最大程度的循环使用，发挥其效用，是需要经过科学设计和调控的。

发展循环农业的目的就是在农业生产过程和产品的生命周期中减少资源、物质的投入量和减少废物的产生与排放量，实现农业经济和生态环境效益的统一。围绕循环农业的特征和发展循环农业的原则，根据循环农业模式设计的原理和江西的农业资源、农业发展的现状特点，同时依据农业相关扶持及导向政策，为在短期内有效地提高农民收入，拟建立以生猪养殖为主的循环农业系统，现就生猪养殖这一事元进行共轭分析。

一、对提高养殖收入进行共轭分析

发展循环农业和进行循环农业模式设计的目的之一就是要让农民增收，而以养殖业为主的养殖户主要通过提高养殖收入来实现增收。我们假设 2016 年的年收入为 R，养殖户希望 2017 年的年收入达到 2R，这个目标看似很难实现，但我们可以通过利用虚资源到实资源的共轭对方法来解决问题。

设该养殖户 2016 年 N1 的目标为 G

G = ［生猪养殖 N1（t1），年收入，R］= ［N1（t1），c，2R］，

其中 t1 = 2017 年，

条件为 L = Mim $\oplus$ Mre，其中

$$
Mim = \begin{bmatrix} \text{生猪养殖 N1（t2），养殖规模，小} \\ \text{技术条件，中} \\ \text{管理水平，低} \\ \text{政策支持力度，中} \end{bmatrix} = \begin{bmatrix} \text{N1（t1），c1，小} \\ \text{c2，中} \\ \text{c3，低} \\ \text{c4，中} \end{bmatrix},
$$

Mre = ［N1（t2），年收入，R］= ［N1（t2），c，R］，

其中 t2 = 2010 年，在条件 L 下目标 G 无法实现。

Mre 是实部条件，Mim 是虚部条件，显然，该养殖收入不能提高是因为其虚部条件没有办法满足实现实部目标的需要，由相关分析可得

$$
\begin{cases} (N1，c4，v4) \\ (N1，c3，v3) \sim (N1，c1，v1) \sim (N1，c，v) \\ (N1，c2，v2) \end{cases}
$$

根据虚实共轭变换的原理，对虚部的变换，就可以导致与其相关的实部物元的变换，也就是要对虚部物元作主动变换 $\varphi = \varphi1 \wedge \varphi2 \wedge \varphi3$：

$\varphi1(N1，c4，v4) = (N1，c4，v4')$，

$\varphi2(N1，c3，v3) = (N1，c3，v3')$，

$\varphi3(N1，c2，v2) = (N1，c2，v2')$，

则有如下的传导变换：

$\varphi \Rightarrow \varphi T_1 \Rightarrow {}_1T_2$

使

$\varphi T_1(N1，c1，v1) = (N1，c1，v1')$，

${}_1T_2(N1，c，v) = (N1，c，v')$.

由此可见，通过对生猪养殖的政策支持力度的加大，如采取生猪养殖补贴和制定生猪最低收购价等措施，以及生猪养殖管理水平的提高和技术条件的不断改进，可以使养殖规模扩大，产生规模经济效应，同时增加生猪养殖效益，从而使养殖年收入得以提高，达到预期目标。

二、对养殖过程中的污染问题进行共轭分析

根据上面的虚实共轭对方法的运用分析，我们得出结论：要提高养殖户的收入，就要在提高管理技术水平的同时扩大养殖规模，即增加生猪数量，但这样会使养殖过程中产生的猪粪猪尿排放量也随之不断增多，若不加以利用而直接就地排放会对环境造成很大的污染。众

所周知，在我国的生猪养殖场之中，必须要配有化粪池之类的猪排泄物处理场所，以避免影响当地的生态环境。这样的措施看似符合环境保护规章制度，但实际上，很多地区的养猪场不会按时处理排泄物，导致养猪场的存在严重影响着当地的环境，周围居民的正常生活也受到严重影响。

根据循环农业模式设计的目标"收入增加的同时保证污染减少"以及现代农作制度的再利用模式，对养殖过程中的污染问题进行共轭分析，以期找到问题的解决方法。对养殖户的收入（记为特征值 c）而言，生猪养殖过程中产生的猪粪猪尿是其负部，形成两个物元：

$$Mng_c(N1) = \begin{bmatrix} 猪粪\ N1, 主要成分: 纤维素、蛋白质、有机酸、无机盐、氨化微生物 \\ 形态: 固态 \\ 颜色: 黑色 \\ 用途: 无 \end{bmatrix}$$

$$Mng_c(N2) = \begin{bmatrix} 猪尿\ N2, 主要成分: 尿素、尿酸、马素、无机盐 \\ 形态: 液态 \\ 颜色: 浅黄色 \\ 用途: 无 \end{bmatrix}$$

为了有效减轻负部的压力，有效循环利用资源，变废为宝，根据猪粪和猪尿的特点，分别做出变换：

$\varphi1N1 = [N1', N1'']$，即把 N1 收集起来进行干湿分离，干的作为鱼料和培植食用菌的养料，可以用来肥田，湿的用来作为沼气的辅料来源。

$\varphi2N2 = [N2', N2'']$，即把 N2 收集起来，用于制作沼气。

于是形成如下两个正部物元：

$$\varphi T_1 Mng_c(N1) = Mps_c(N1') = \begin{bmatrix} \text{干粪 N11}',\text{主要成分:蛋白质、有机酸、无机盐} \\ \text{形态:固态} \\ \text{颜色:黑色} \\ \text{用途:养鱼、培植食用菌、肥田} \end{bmatrix}$$

$$\wedge \begin{bmatrix} \text{沼气 N12}',\text{主要成分:甲烷} \\ \text{形态:气态} \\ \text{颜色:淡蓝色} \\ \text{用途:发电、生活燃料} \end{bmatrix}$$

$$\varphi T_2 Mng_c(N2) = Mps_c(N2') = \begin{bmatrix} \text{沼气 N12}',\text{主要成分:甲烷} \\ \text{形态:气态} \\ \text{颜色:淡蓝色} \\ \text{用途:发电、生活燃料} \end{bmatrix}$$

这两个变换可以把猪粪猪尿变废为宝，使之得以有效利用，从而为养殖户节约大量成本，使他们获取更大的利润，也即从养殖户的负部转化为其正部，具体的做法是：把猪粪和猪尿收集起来，对猪粪进行干湿分离，干的部分可以用来制作鱼饲料、培养食用菌并用来肥田，而湿的部分可以和猪尿一起通过发酵生成沼气。沼气作为日常生活燃料，可用来发电，在节省资源的同时还有效保护了环境。

三、对沼气使用过程中的污染问题进行共轭分析

通过上面的分析，我们用生猪粪便来制作沼气，随着养殖规模的扩大，沼气的生产量也随之扩大，沼渣和沼液的产生量也随着沼气量的增大而增多，若随意排放出来同样会对周边的环境造成很大的污染，

故对养殖户的收入（记为特征值 c）而言，沼气生产过程中产生的沼渣、沼液是其负部，形成两个物元：

$$\text{Mng}_c(N1) = \begin{bmatrix} 沼渣\ N1,主要成分:有机质、腐殖酸、粗蛋白、矿物质等 \\ 形态:固态 \\ 颜色:黑色 \\ 用途:无 \end{bmatrix}$$

$$\text{Mng}_c(N2) = \begin{bmatrix} 沼液\ N2,成分:氨基酸、维生素、蛋白质、赤霉素、生长素 \\ 形态:液态 \\ 颜色:浅黑色 \\ 用途:无 \end{bmatrix}$$

为了有效减轻负部的压力，根据循环农业的特征和现代耕作制度理论，要循环利用废弃资源，根据沼渣和沼液的成分特点，分别做出如下变换：

$\varphi 1 N1 = [N1', N1'']$，即把 N1 收集起来用作农用化肥和进行食用菌的培养。

$\varphi 2 N2 = [N2', N2'']$，即把 N2 收集起来，用于制作农药。

于是形成如下两个正部物元：

$$\varphi T_1 \text{Mng}_c(N1) = \text{Mps}_c(N1') = \begin{bmatrix} 沼渣\ N11',主要成分:蛋白质、有机酸、矿物质 \\ 形态:固态 \\ 颜色:黑色 \\ 用途:培养食用菌、肥田 \end{bmatrix}$$

$$\varphi T_2 Mng_c(N2) = Mps_c(N2') = \begin{cases} \text{沼液 } N12',\text{主要成分：维生素、蛋白质、生长素} \\ \text{形态：液态} \\ \text{颜色：淡黑色} \\ \text{用途：农业用药} \end{cases}$$

通过对沼气产生沼液和沼渣进行正负共轭对方法分析，把沼渣和沼液这两个负部转换成正部，具体的做法就是根据沼渣和沼液的化学成分的特点，用沼液来替代农药作为农业用药，同时还可以减少农药残留物；用沼渣来制作农业无机肥和进行食用菌的培养。

第三节　循环农业模式系统结构模型的建立

农业生态系统需要借助人工投入品及其辅助才能维持正常的生产功能和系统运转。在生态系统中，物质流动不是单向、不可返的，而是循环往复的过程，是物质由简单无机态到复杂有机态再返回简单无机态的再生过程。物质在流动的过程中只会发生形态改变而不会消失，可以在系统内永恒地循环，不会成为废物。因此，农业生态系统如果调控合理，物质就可以在系统内更新，不断地返回到系统循环中，能量效率也可以得到持续提高。但相对于生态系统而言，物质是有限的，且分布很不均匀。如何控制物质在农业系统内的流动，使得系统内的物质最大程度得到循环使用，发挥其效用，是需要经过科学设计和调控的。

根据井冈山西部萍乡市湘东区丘陵地区的农业特征，以及长期的产业发展和市场需求情况，该地区长期以来同时发展养殖业和种植业，但是现在规模养殖更有利于实现农民增收。目前在农村运用最为广泛的就是沼气，将畜禽的粪便通过微生物发酵产生沼气，为农民的生产、生活提供清洁能源。沼气的残留物中沼液可以代替农药，沼渣可以代替化肥，是广大农村生产安全优质农产品必不可少的重要条件。因此以养殖业带动种植业的发展是农村经济建设的关键。

根据循环农业模式设计的任务，要合理充分利用农业资源，控制和减少农业残留物的排放，通过图4-1中对养殖过程中的养殖排放废弃物的共轭分析，问题已得以解决，故在此基础上先设计循环农业的流程，再建立循环农业系统结构模型。

一、以生猪养殖业为主线的循环农业流程图[①]

根据共轭分析得出的结果，结合循环农业相关理论，设计出以生猪养殖业为主线的循环农业流程如图4-2所示。

整个循环农业流程图中涉及了养殖业、种植业、林业、渔业和加工业等多个方面，这充分体现了现代农作制度思想，遵循了循环农业理论特征及循环农业模式设计的原则。整个流程以养殖业的主产物——生猪和猪的排泄物——粪便的流向为主线，综合考虑了规模养殖、蔬菜种植、水稻种植以及生猪加工的同步协调发展，又辅以荒地造林、渔业养殖以及食用菌培养，多方位、多渠道、多形式地增加农

---

① 邓群钊. 中部丘陵地区粮食安全和农民增收矛盾问题的系统分析——以兰坡矛盾问题为例［D］. 南昌大学博士学位论文，2006.

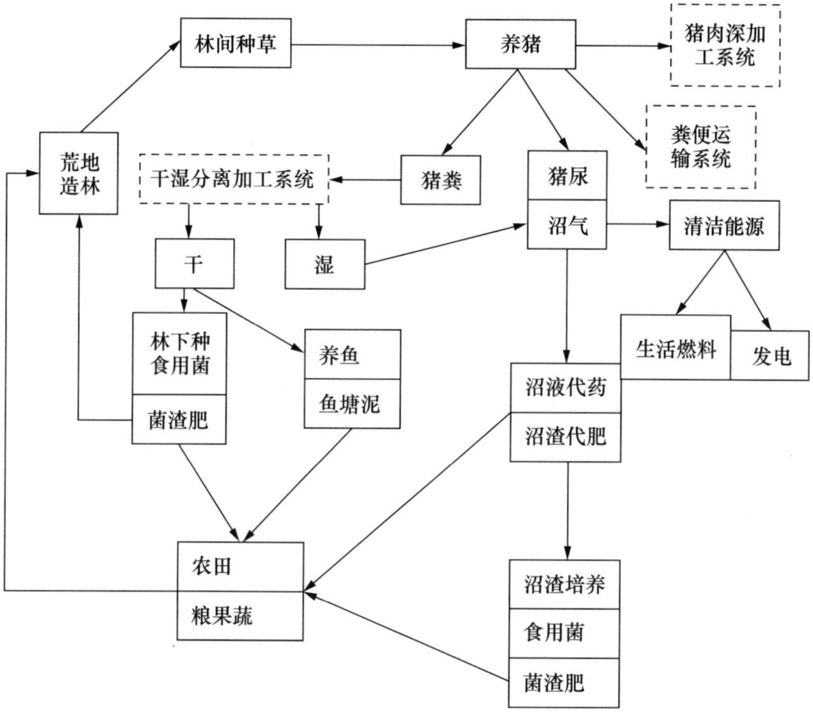

图4-2 以生猪养殖业为主线的循环农业流程

民收入。图4-2中的猪肉深加工系统包含了屠宰零售、冷鲜肉和对肉制品的加工等部分。猪粪干湿分离系统是指运用高科技手段，把猪粪进行干湿分离，干的部分可以用来制作鱼饲料、培养食用菌以及用来肥田，而湿的部分可以通过发酵生成沼气来作为生活燃料来源和用于发电。至于制作沼气时产生的沼渣和沼液，根据其成分特点，沼渣可以用于肥田和食用菌的培养，沼液可以用来作为农业用药。粪便运输系统是指将猪粪便中多余的部分用于外输，运输到其他村庄以解决沼气的辅料问题，把问题对接，既解决了农户生产沼气时辅料不足的问题，又避免了农户将多余的猪粪便随意排放而造成污染。

生猪养殖规模较大而猪场附近耕地数量较少，导致产生的沼液不能完全被耕地所吸收利用，剩余的沼液通过水沟被排到下游水域，对下游水域的土地及环境造成污染。另外，沼液通过灌溉用水水沟和水一起进入稻田，造成水稻发生"青苗"现象，导致稻谷产量减产，影响稻谷产量及食品安全。这些问题是生猪粪尿这一资源的利用效率不够高和系统稳定性不够导致的。

从利用效率角度看，生猪粪尿利用可以从系统外部大循环和系统内部小循环两个角度考虑。

从系统外部大循环角度考虑，可以采用生猪粪尿干湿分离技术把生猪粪加工成高品质有机肥，输入到其他地区的农业生产中去。生猪尿进入沼气池减少2/5的沼液生产量（生猪粪尿比率为2:3）。

从系统内部小循环利用角度来看，沼液含有作物生长所需的主要营养成分，但大部分地区经济系统中只有稻谷这一种农作物，一般来说，稻谷生产对养分的需求量低于其他经济作物，比如林果业、蔬菜业和饲料作物。

从循环经济系统稳定性来看，系统的稳定性依赖于系统内产业的多样性、系统的完备性和系统的协调性。兰坡村经济系统中只有生猪养殖和稻谷种植，没有林业、果业、蔬菜业、渔业，没有饲料种植、饲料加工，也没有生猪屠宰加工。

从农业生态系统理论的角度分析，农业生态系统的核心是养分循环，但这个养分循环系统没有很好地建立起来，主要是因为产业多样性不够[1]。

---

① 邓群钊. 中部丘陵地区粮食安全和农民增收矛盾问题的系统分析——以兰坡矛盾问题为例 [D]. 南昌大学博士学位论文, 2006.

二、基于系统动力学原理的循环农业结构模型

根据上述系统分析中丘陵地区循环农业流程的设计，以及以养殖业为主的循环农业结构流程图，依照循环农业的特征、循环农业的发展理念、现代农作制度理论和循环农业设计的原则及任务，运用系统动力学方法原理进行结构模型的建立①。

模型是以生猪养殖业为核心，以猪粪便为物质循环的基础，根据流程中物质流的动向构建的一个循环农业动态复杂系统。我们围绕收入和产量这条主线，确定以林地面积、荒地造林收入；养鱼数量、养鱼收入；食用菌产量、食用菌收入；蔬菜地面积、蔬菜收入；稻谷产量、稻谷收入；生猪数量、生猪收入、生猪加工收入；粪便数量、粪便加工收入；沼气数量、沼气收入；沼液污染量、沼液综合利用量以及总收入等个因子作为建模要素。这些子系统之间通过各个系统产生的物质之间的相互流动而联结，形成一个具有物质循环性的农业生产系统。如林间种草养猪，猪粪便用于种植业、渔业、制沼气等，种植业的一些产物又可以用于养猪，制沼气过程中产生的沼渣用于在林地培养食用菌，产生的菌渣肥可用于蔬菜种植等。通过系统动力学因果关系图和流程建立循环农业定性结构模型，如图 4 - 3 所示。

---

① 贾仁安，丁荣华. 系统动力学——反馈动态性复杂分析［M］. 北京：高等教育出版社，2002：66 - 89.

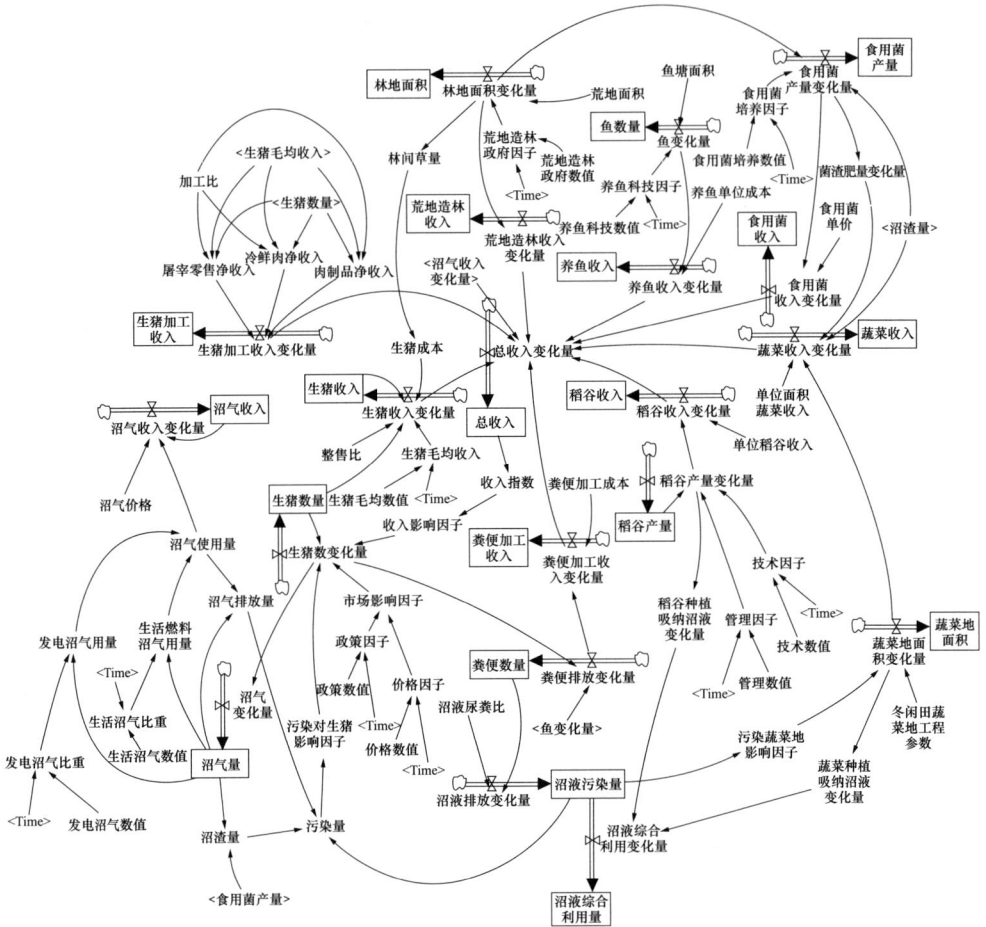

图4-3 循环农业定性结构模型

从结构模型中可以看出，此模型共包含了以下子系统：

（一）收入子系统

总收入由稻谷收入、生猪收入、蔬菜收入、沼气收入、生猪加工收入、粪便加工收入、荒地造林收入、养鱼收入和食用菌收入九部分组成。

（二）种植子系统

在稻谷价格和成本不变的情况下，稻谷收入主要是由稻谷产量决定的。

（三）养殖子系统

在生猪价格成本不变的情况下，生猪收入主要是由生猪数量决定的。

（四）污染子系统

总污染量由沼气排放量（沼气量与沼气使用量之差）、未进行循环利用的沼液即沼液排放量和未进行利用的沼渣量组成。

（五）生猪加工系统

生猪加工收入是由冷鲜肉收入、屠宰收入和肉制品收入组成的。

（六）粪便加工子系统

对粪便进行加工以进行循环利用，从而产生收入。

（七）蔬菜种植子系统

蔬菜收入是由菜地面积和菜地污染决定的。

（八）养鱼子系统

养鱼收入由养鱼量、鱼塘面积及成本确定。

（九）食用菌子系统

食用菌收入由食用菌产量及食用菌单价确定。

（十）荒地造林子系统

对荒地进行造林，增大林地面积，从而增加收入。

这十个子系统看似独立却又紧密联系在一起，它们是相辅相成、互相制约的关系，共同构成了整个以养殖业为主的循环农业系统：养殖业、种植业和渔业等产业都是相互联系的，其中又以养殖业为主导，因为它们均处于同一循环农业系统中，在产业间进行了大量的物质和能量的交换，最大程度实现了资源有效利用，使废弃物得以再利用，从而减少了对环境的污染。具体情况是养殖业为种植业提供农药和化肥，同时促进渔业、经济作物和加工业的发展；种植业、渔业以及林业有效降低了养殖业带来的污染，在促进养殖业规模化发展的同时降低其成本。特别是养殖业还为农民提供了沼气作为燃料和清洁能源，可以使农民降低生活成本，减少对环境的污染。

本章小结

本章以生猪养殖业为主的循环农业模式设计为例，论证了本书构建的循环农业模式设计框架体系。即，首先对生猪养殖业和丘陵地带农业特点进行分析，接着对循环农业物质能量的排放、提高养殖收入、养殖过程中的污染问题、沼气使用过程中的污染问题等进行共轭分析；其次据其设计出循环农业的整体流程图；最后运用系统动力学原理构建循环农业的结构模型以进行综合论证评价。

第五章　循环农业系统运行动力机制研究

　　一个系统的健康成长，既要有强大的动力机制，又要有发达有效的平衡机制，而且两者要相互协调、有机统一。因此，要实现循环农业系统的健康运行，一方面，要注重激发各类要素的活力，坚决破除各种障碍，使一切有利于循环农业系统运行的因子得到支持和肯定，强大的动力机制能为各种社会力量作用的发挥提供支持、条件和激励，是效率的直接来源；另一方面，要合理协调循环农业各方面的利益关系，正确处理循环农业系统内外部矛盾，维护系统稳定，有效的平衡机制能为各种力量的协调并形成有效合力提供支持、条件和环境，同时也是系统保持长期稳定高效的基础。

　　动力机制为系统的运行提供支持、条件和激励，是效率的直接来源。所以循环农业系统运行要注重激发各类要素的活力，有效抵制各种障碍因素，使循环农业系统有序运行。本章首先利用系统动力学增长上限基模分析技术对循环农业系统运行过程中的典型问题进行总结分析，其次针对问题建立循环农业系统运行的动力机制。

第一节　循环农业系统运行的增长上限基模分析

根据第四章建立的以生猪养殖为主的循环农业模式，养殖业、种植业和渔业等产业都是相互联系的，其中又以养殖业为主导，因为它们均处于同一循环农业系统中，在产业间进行了大量的物质和能量的交换，最大程度做到了资源有效利用，使废弃物得以再利用，从而减少了对环境的污染。具体情况是养殖业为种植业提供农药和化肥，同时促进渔业、经济作物和加工业的发展；种植业、渔业以及林业有效降低了养殖业带来的污染，在促进养殖业规模化发展的同时降低其成本。特别是养殖业还为农民提供了沼气作为燃料和清洁能源，使农民降低了生活成本，减少了对环境的污染。故此系统的运行受到多方面的影响，特别是以下几个因素：

一、粪便对外运输增长上限基模及解决措施

生猪养殖是我国农业和农村经济的重要组成部分。近年来，随着生猪养殖业的大力发展，其所带来的环境污染问题日益严重，不仅影响了经济发展，还危及着生态安全。如何将大量的废弃物处理好、利用好、变废为宝、化害为利，关系到农村经济、社会与环境的可持续发展。

（一）粪便对外运输增长上限基模分析（如图 5-1）

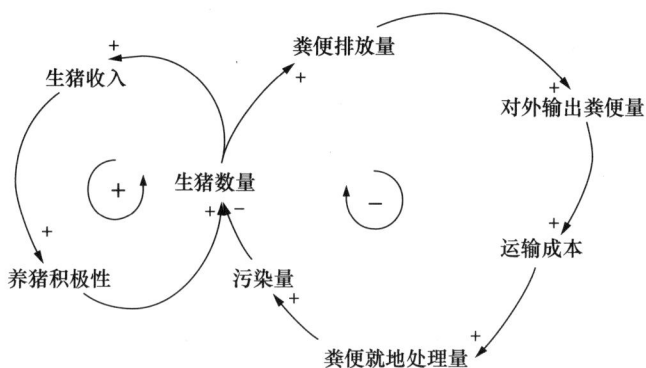

图 5-1　粪便对外运输增长上限基模

从以上基模中可以看出，随着养殖规模的扩大，也即生猪数量的增多，猪粪猪尿的产量也随之增多，已超出本地的循环系统的消耗量，因此需要把粪便运输到其他需要沼气原料的地方；但粪便的运输成本较高，将眼前的利益与成本作比较，养殖方和需求者均不愿运输粪便，所以只好把多余的粪便随意排放，致使污染增加，继而限制了养殖规模的扩大。

（二）粪便对外运输增长上限解决措施

粪便对外运输增长上限解决方法如下（见图 5-2）：

循环经济养殖模式具有外部性，单纯依靠市场无法激励养猪场、户采纳循环农业养殖模式，因此应加大政府对于循环农业政策的支持力度。在循环农业养殖模式发展初期，可借鉴国外发达国家的经验，对养猪场、户减少兽药、添加剂使用等行为给予政策性补贴；对促进

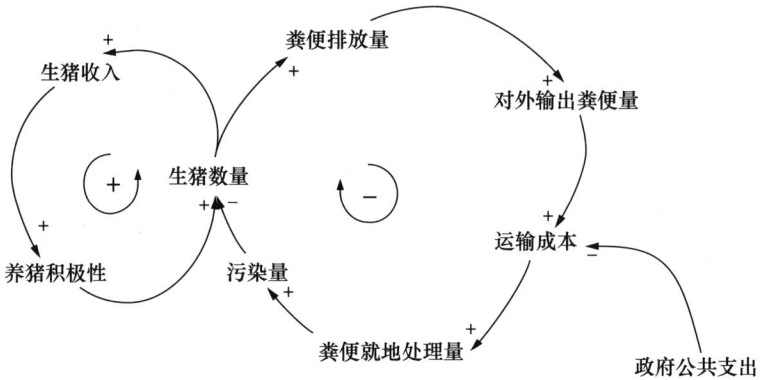

图 5-2　粪便对外运输增长上限基模解决方针

循环经济养殖模式顺利运行的相关利益主体给予经济补贴、税收及信贷优惠政策，激励相关利益主体积极推进循环经济养殖模式。在循环经济养殖模式逐步发展成熟后，可采取政府补贴和市场交易排污权的形式保障循环经济养殖模式顺利运行。

粪便对外运输增长上限基模解决方法为：将政府公共支出运用到粪便的对外排放和信息的对接上去，这样可以使养殖户和农民的运输成本降低，从而降低养猪污染，达到社会福利的最大化。

二、土壤结构增长上限基模及解决措施

污水灌溉等废弃物对农田已造成大面积的污染。如沈阳张士灌区用污水灌溉 20 多年后，污染耕地 2500 多公顷，造成了严重的镉污染，稻田含镉量为 5~7 毫克/公斤。天津近郊因污水灌溉导致 2.3 万公顷农田受到污染，广州近郊因为污水灌溉而污染农田 2700 公顷，因施用

含污染物的底泥造成 1333 公顷的土壤被污染，污染面积占郊区耕地面积的 46%。20 世纪 80 年代中期对北京某污灌区进行的抽样调查结果表明，大约 60% 的土壤和 36% 的糙米存在污染问题。中科院地理科学与资源环境研究所研究员陈同斌前后用了 3 年多的时间对北京市全市的土壤和蔬菜进行了大规模的取样分析和研究，发现土壤污染问题已经比较严重，并且已经影响到蔬菜等农产品的质量。

（一）土壤结构增长上限基模

以生猪养殖为主的循环农业模式土壤结构增长上限基模如图 5 - 3 所示：

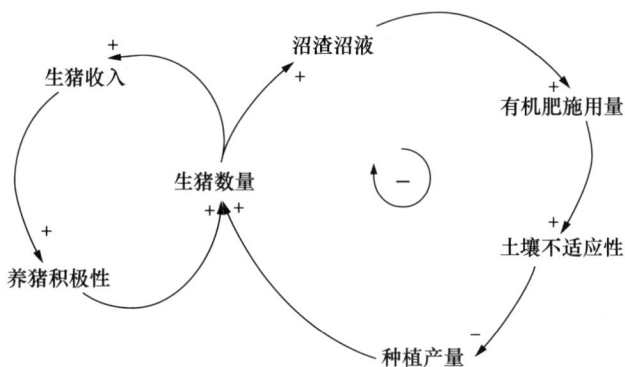

图 5 - 3 土壤结构增长上限基模

从图 5 - 3 中的模型可以看出，随着生猪数量的增多，其排放的粪便所导致的沼渣和沼液量也会增大，从而致使有机肥使用量增大，也即使用有机肥的土壤面积增大，大规模的种植土地使用有机肥会导致土壤对无机肥的不适应性概率增大，从而降低种植产量，种植产量减少又会导致生猪数量的减少，从而形成一个负的反馈环，限制生猪数量的增长。

（二）土壤结构增长上限解决措施

土壤结构增长上限解决方法如图 5 - 4 所示：

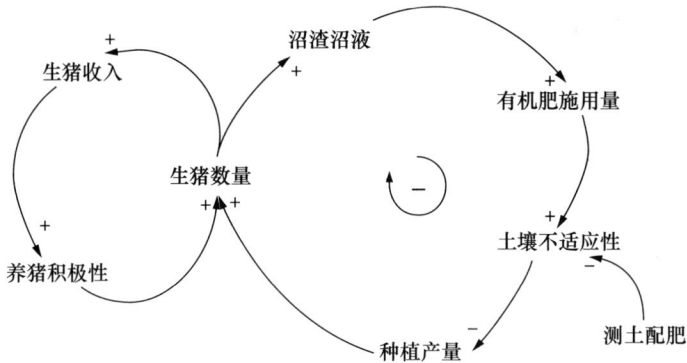

图 5 - 4　土壤结构增长上限基模解决方针

不能盲目地使用沼肥，否则会得不偿失，要通过测土配肥技术，给土地提供适合的肥料，减少对土壤结构的破坏，最终使种植产量不断提高，充分保证生猪的粮食来源。测土配方施肥在国际上通称为"平衡施肥"，这项技术是联合国在全世界推行的先进农业技术。测土配方施肥从 2005 年提出以来，取得了良好的效果，不仅实现了节本增收，还可以减少作物病害，提高农产品质量。测土配方施肥，不仅可以节约肥料使用量，还可以通过合理搭配使作物营养更全面，从而实现节本增收。对于环境而言，更是能够减少因肥料浪费造成的环境污染，对农业和环境的持续发展具有重要意义。概括来说，一是测土，取土样检测化验土壤养分含量；二是配方，经过对土壤的养分诊断，按照庄稼需要的营养"开出药方、按方配药"，也就是按需配肥；三是合理施肥，就是在技术人员指导下科学施用配方肥。

三、养殖经营管理增长上限基模及解决措施

目前，我国生猪产业正进入加速转型时期，一方面，企业以技术、管理优势，参与生猪生产，但其面临规模过大所带来的环境污染和防疫困难等发展制约因素；另一方面，以城镇化工业化为导向的劳动力转移逐渐增加，散养户退出明显，农村生猪生产面临劳动力短缺的挑战，原有养殖户逐步升级。如何适度确定规模，逐渐变得必要而紧迫。

生猪养殖主要受利润影响，利润又取决于投入和产出，农户养殖利润的主要影响因素有四个方面，分别是比较效益、劳动生产率、生产资料获取难易程度和劳动者的生产积极性，其中以比较效益最为主要。企业化、专业化养殖模式发展首先是需要资金、技术上的支持，进入门槛较高，且企业生产规模较大，适应市场环境的能力较弱，在农业生产越来越重视环境保护的现行规则下，企业化养殖密集，规模化扩张过程中土地的制约问题会逐步凸显；其次是疫情防治及融资问题，这都将影响企业化养猪的发展。专业养殖户模式在发展过程中，克服了土地的制约，同时又与农户手中的资源相匹配，满足了农户的支配权、选择权和组合权，"量体裁衣"，充分发挥了微观经营主体的作用。与企业化经营相比较，专业养殖户具有内部组织、沟通协调成本低，内部环节少、运行费用省等优势，且专业养殖户机制灵活，能有效应对市场波动。

（一）养殖经营管理增长上限基模

无论是企业化还是专业化养殖，随着养殖规模的扩大，同样都会

产生增长上限问题。生猪养殖业的经营管理增长上限模式具体分析如图 5 - 5 所示：

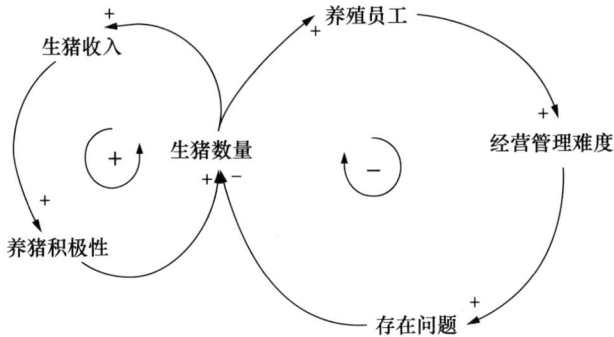

图 5 - 5　养殖经营管理增长上限基模

从图 5 - 5 的模型中可以看到，随着养殖规模的扩大，需要的资金、员工会越来越多，员工的素养参差不齐，故经营管理的难度会不断增加；规模扩大后，内部合理分工被破坏，生产难以协调；管理阶层的人数日益增加；产品销售规模庞大、环节加长；获得企业决策所需的各种信息日渐困难。生猪养殖中存在的问题不断增多，从而约束了养殖规模的扩大。

（二）养殖经营管理增长上限解决方针

养殖经营管理增长上限的问题，单靠养殖户或企业本身很难解决，必须得依靠外力。循环经济养殖模式的优势在于种养结合，合理规划产业布局，按耕地面积及种植品种衡量生猪的承载量，根据环境容量和载畜量确定合理的生产规模。猪场的建设规模要与周围农田的粪污消纳能力相适应，根据猪场用地与农田之间的距离，选择科学的技术处理粪便和污水，处理后的污水可通过地下管道直接灌溉农田，推动循环经济养殖技术，促进生猪养殖业和种植业协调发展。具体解决方法如图 5-6 所示：

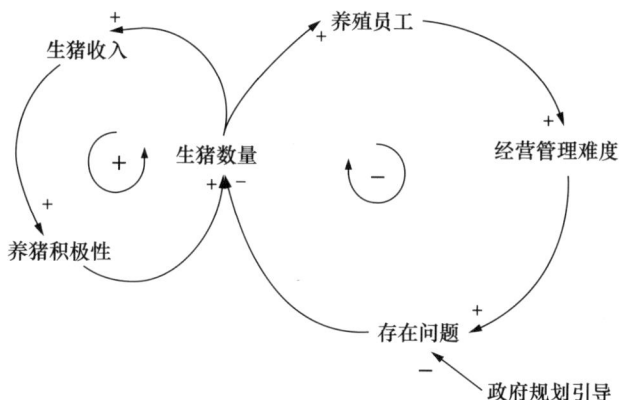

图 5-6　养殖经营管理增长上限基模解决方针

政府对生猪养殖户进行规划引导，包括企业的规模、发展方向及最新技术的培训和指导等方面，这可以减少养殖户的个人非理性行为，避免整个系统的杂乱组合及超负荷运转。政府的统一规划，使整个养殖业的生猪数量不断提高。

四、市场价格增长上限基模及解决措施

近年来，我国猪肉市场价格波动，养殖户纷纷抱怨价格忽涨忽跌，"猪周期"被打乱，养殖业无规律可循。生猪价格持续下跌，养殖亏损导致养殖户抛售母猪，引发业内对于猪价暴跌之后产生报复性反弹

的担心。价格是调节市场供求的风向标。猪肉价格的波动是经济规律的正常体现，让市场依据价格规律进行自发调节，让猪肉价格围绕价值实现周期性回归：肉价上涨—母猪存栏增加—供应增加—肉价下跌—淘汰母猪—供应减少—肉价上涨。2008 年以来，随着国家对生猪规模化养殖的政策倾斜，猪肉产业规模户增加，2012 年我国生猪规模化养殖程度已经达到了 71%。这些规模养殖户资金实力较强，抗风险能力明显增强。经历了多年的价格波动，经营更加理性，具有一定的养殖规划，不会因为价跌而大量宰杀生猪，有利于维护猪肉市场价格的稳定。

下面就对由生猪数量增多导致的生猪市场价格增长上限进行基模分析：

（一）市场价格增长上限基模

图 5 - 7 中的基模反映出了生猪价格会随着生猪数量的增多而停止增长甚至负增长，这样会导致养猪户积极性的大幅降低，最终限制了生猪数量的增长。虽然现在生猪价格行情较好，但是养殖户却非常谨慎，不因为价格上涨就补栏，价格下降就减小规模。因为养猪有周期性，养殖户如果在猪价高位时贸然扩大规模，就可能在下一周期价格下跌时亏损。特别是实行规模养殖后，数量变化更是难以跟上市场价格变动的节奏。

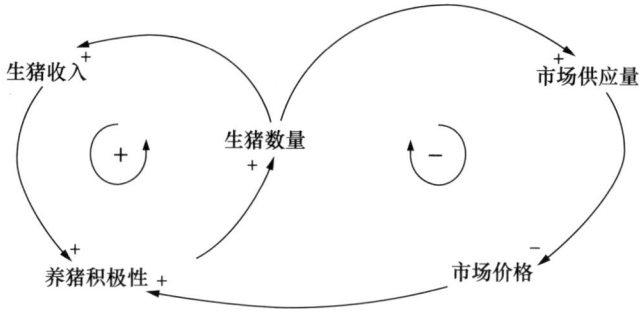

图 5 - 7　市场价格增长上限基模

（二）　市场价格增长上限解决措施

针对市场价格增长上限的问题，稳定价格是最好的解决方式，可以通过引进龙头企业的方法来达到此目的。具体解决方法如图 5 - 8 所示：

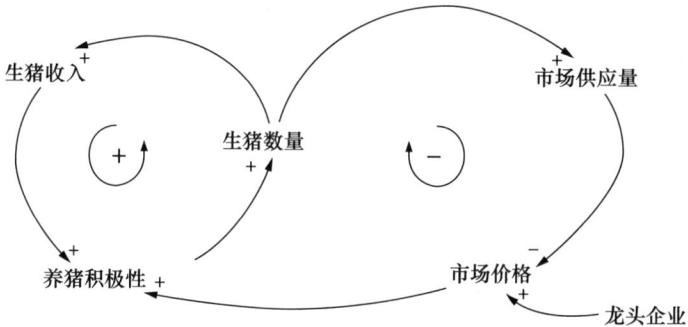

图 5 - 8　市场价格增长上限基模解决方针

为避免生猪价格的大起大落引起生猪数量的不断变化，可以引进龙头企业，推进生猪产业化经营。要充分发挥龙头企业的带动作用，因为龙头企业在产品商品化、资源市场化、生产企业化、效益最大化，特别是在稳定价格方面可以起到重要作用，从而使生猪数量不受市场价格变动的干扰。

第二节　循环农业运行动力分析

通过对上文的四个增长上限基模的综合分析，得出以下四个方面的循环农业运行动力机制：

一、粪便运输系统优化设计

自改革开放以来，我国注重经济的发展，政府的职能定位也以发展经济为导向，发展经济成为中央特别是地方政府的首要职能，所以有限的政府资源大部分用于经济建设方面。随着我国市场体制改革的不断深入、国民经济的日益发展和人民生活层次的不断提高，党的十七大提出了政府转型的目标——建设服务型政府。构建服务型政府需要物质基础，即公共财政。因此，公共财政支出的有效利用和分配是政府职能转变的重点，也是构建公共服务型政府的核心内容。公共财政主要用于解决贫富差距加大、经济发展不协调、资源过度开发、社会不公平、自然环境不断恶化等问题，所追求的目标是实现社会全面、协调的发展，公共财政致力于满足社会公共需要和使社会公共利益也即社会福利达到最大化，促进社会、经济和人的全面协调发展。

本书提出的粪便运输系统是把生猪养殖产生的（在充分满足本系统内部生产沼气所需辅料的前提下）多余粪便按照就近原则运到循环农业系统外部需要将其作为沼气辅料的地方，通过对图 5-1 的分析可知，这个系统需要政府公共财政支出的支持才得以有序运行下去。

简单来讲就是政府出资进行粪便的运送，解决运输成本问题。生猪粪便需求方和出售方均会自动发布自己的需求或出售信息，政府掌握这些信息后就可以选择最节约运送成本的运输路线，这样既解决了多余生猪粪便引发的污染问题，又解决了农民生产沼气所需辅料缺乏的问题，产生的沼渣和沼液还可以用来肥田，环保又节约成本。所以运用公共财政支出巩固粪便运输系统是符合公共财政支出的分配原则的，也符合其"社会全面、协调的发展"的目标，在这里的主要用途是解决自然环境恶化和经济发展不协调的问题，切实以改善民生为本，同时考虑经济的外部性特征，不仅满足了农民的需要，还实现了经济与环境效益最大化。

鼓励推行和大力发展第三方废弃物处理产业。养猪场户与关联产业的合作关系影响着循环经济养殖模式的运行。猪粪和病死猪的资源化处理程度的提高需要发达的第三方废弃物处理产业作为支撑，第三方废弃物处理产业在专业化分工越来越细的社会中发挥着重要作用。猪场产生的猪粪在无法满足自用和周边种植户使用需求时，发达的第三方废弃物处理产业可实现猪粪的再加工，实现价值增值，从而使得废弃物处理产业得到长期发展。病死猪资源化处理比例不高的主要原因在于没有有效地被纳入第三方废弃物处理产业中。但由于猪类和病死猪属性不同，相对于病死猪而言，猪类生产量稳定且易于实现价值的增值，所以处理猪的第三方废弃物产业可以由市场主导，由政府实施政策支持引导。病死猪产生量不稳定且直接关系到食品质量安全问题，因此需要通过政府监管的第三方废弃物处理产业进行处理，政府应引进和研究采纳先进的资源化处理技术，实现政府主导，大型企业牵头，养猪场户积极参与的病死猪资源化处理模式。第三方废弃物处理产业得以发展的前提是在废弃物资源化的过程中实现增值，一方面，在第三方废弃物处理产业发展初期，需要政府的财政支持和政策引导；另一方面，应优化废弃物资源化后的再生产品市场，提高市场竞争力，刺激再生产品市场需求，从而带动第三方废弃物处理产业发展①。

二、基于测土配肥技术的沼渣沼液有机肥优化使用

农作物对营养元素的需要有多有少，而根据木桶原理，决定其产量大小的是土壤中相对来说含量最少的有效养分，所以只有针对性地补充这种最少养分才能获得高产，并且这种最少养分会随着作物的产量和施肥的水平等条件的变化而改变。这就要求我们在对农作物进行施肥时，要合理选择肥料的种类和数量，即权衡经济效益，选择相对含量最小的养分去进行施肥并且把握使用的数量②。而选择的肥料种类和数量是随已经施用过的肥料等条件的变化而变化的，也就是说每次

---

① 陈瑶，王树进. 我国畜禽集约化养殖环境压力及国外环境治理的启示［J］. 长江流域资源与环境，2014（6）：862 - 868.

② 陈玲丽，阮涛，李冲等. 猪不同生长时期饲料和粪便中重金属元素含量的测定［J］. 黑龙江畜牧兽医，2014（7）：189 - 191.

最需要的肥料很可能是不一样的。那么，要怎样才能确定施用什么种类的肥料和施用多少的量以达到高产的目的呢？这就是测土配肥要解决的问题。

测土配肥技术就是指根据土壤测试结果、作物需肥规律、田间试验、农业生产要求等，在施用有机肥的基础上，提出氮、钾、磷、微量元素、中量元素等肥料数量与配比，在合适的时间，采用合适的方法，施用合适的肥料和肥量的过程。测土配肥技术总体来讲包含了"测土、配方、配肥、供应、施肥指导"五个核心环节。

在本书设计的循环农业模式中，随着沼渣、沼液等有机肥的不断施用，农作物的产量先是不断增产，达到一定高度后肯定会开始下降，因为在其他条件相对稳定的情况下，作物产量随着施肥量的增加而增加，但单位施肥量所带来的增产量却呈递减趋势。施肥量超过一定限度后就不能再增加产量，进而造成减产。这符合边际报酬递减规律，随着施肥数量的变化和时间的推移，土壤成分也发生了改变，从而导致土壤结构对于继续使用沼渣、沼液等有机肥的不适应性开始产生并增加，最终导致农作物减产，形成一个负的反馈环。要改变这种状况并使农作物不断增产，就需要运用测土配肥技术，进行"测土、配方、配肥、供应和施肥指导"。即通过土壤测试，得出土壤需要施用肥料的种类，再利用技术手段加入沼渣、沼液并加入其他成分进行肥料配置，最后在适宜时机对其进行施用。若新的肥料不需要沼渣、沼液的成分，则把沼渣、沼液用于其他需要的地方。通过对沼渣、沼液等资源的合理配置和有效利用，促使农作物不断增产。

三、加强政府的规划引导，保障循环农业的顺利实施

（一）加大循环农业的宣传教育力度，提升循环农业意识

与发达国家相比，我国循环型农业的发展目前还处于起步阶段，人们对它的认识要有一个逐步转化的过程，尤其是农民，所以在实践过程中肯定会遇到诸如思想观念和理论技术方面的阻碍。养殖业生态化革命带来了滚滚商机，也带来了一定的市场"机会主义者"。他们打着生态养殖推广的大旗，兜售片面甚至歪曲的生态理念，实质上是为了销售产品，这对广大牧场来说是一种理念上的误导，甚至造成了人们对生态养殖的偏见和信任危机。因此，在推广正确的循环农业养殖理念的同时，还要与各种错误的宣传与误导作斗争①。

基于此，政府要全面而深入地宣传循环型农业的内涵及其基本模式、发展循环型农业的意义以及发展循环农业的已有优惠扶持政策，以使循环型农业的理念深入人心，提高人民对循环农业的认识和参与能力。发展循环型农业的主要场地是在农村，而农民的文化水平整体低于城市人口的文化水平，所以尤其要加强对农民的宣传引导，农民只有明白发展循环农业的科学道理和其带来的综合经济效益，才能拥有发展循环型农业的热情和信心；只有广大农民的生态和环保意识提高了，能够及时掌握循环型农业技术和循环型农业发展模式的成功经验，才能真正推动循环型农业的有效实施②。

---

① 单宝龙. 谈中国养殖业的生态化道路［J］. 饲料广角，2012（6）：29－34.
② 徐卫涛，张俊飚，李树明，周万柳. 循环农业中的农户减量化投入行为分析——基于晋、鲁、鄂三省的化肥投入调查［J］. 资源科学，2010（12）.

另外，人力资源在循环农业发展中起主要作用，是农业生产中最积极、最活跃的要素。循环农业作为现代农业的重要内容和发展模式，需要培育具有新理念、掌握新技能的新型农民。为此，政府要加大对农村人力资源开发的投入力度，要增加教育投资力度，鼓励社会加大教育投入；要转变农民传统、保守的思想观念，树立循环农业发展理念，增强广大农民群众实施循环农业的积极性和自觉性；要改革农村基础教育模式，在义务教育中加大循环农业基础知识和科技知识内容比重；要有组织地将农村剩余劳动力向城市转移，提高农民采用先进技术和新的农业生产模式的主动性和能力，增强农业循环经济的发展动力。

（二）加强对循环农业的规划监督，指引循环农业长远发展

循环农业的规划监督，可以按下面的方式实施：首先是由中央政府根据各地特点，统筹安排编写全国性的循环农业发展的指导性大纲；其次是地方政府负责根据本地特征编制当地的详细的循环农业发展规划，当然，这要求政府在做规划的时候权衡各方利益，统筹安排；再次是建立起循环农业模式实施的评价指标体系，把是否促进经济发展、是否有效利用资源、是否保护环境和是否可持续发展作为重要的考核指标；最后是建立起各种相关数据的统计制度，这样可以充分保证各项指标的数据来源有章可循。

《循环经济促进法》对循环经济养殖模式的运行提供了法律依据，但应逐步完善相应配套的法律法规，加强环境的监管。由于养猪场户多而猪场布局过于分散，政府监管无法做到面面俱到，导致养猪场户的违法成本较低，执行法律法规的意愿较弱，因此政府在完善法律、

加强环境监管的同时，应引导社会公众参与监督，实施举报奖励机制。有了规划作指导，又有评价体系作监督，循环农业才能实现可持续的长远发展。

（三）加强资源整合，推进产业融合

政府层面应整合涉农方面的资源，完善相应的基础设施，通过财政投入引导，吸引工商资本、金融资本、富裕农户发展环境友好型、生态保护型的现代农业，重点要在养殖废弃物循环处理、秸秆综合利用、特色农产品种植、多产业耦合机制等层面，引导建立产业化经营合作组织，鼓励和支持农户、企业自主建立各类合作社、专业协会等，降低农户与龙头企业之间的组织成本，通过差别化经营、循环链条增值，实现经营主体内部、园区各生产环节之间、区域大循环多级复合链条的价值增值与社会生态效益的提升。

政府可以挖掘潜力，让农业反作用于生猪养殖，这里主要是指饲料。一般的猪场养殖，采用的饲料多是工业化的产物，极少是自然的。这种情况下养殖出来的猪，生长速度和产量都会有所提高，但是猪肉的质量却有所下降。尤其是在如今人们生活水平都大幅度提高的情况下，人们对于猪肉质量的要求也越来越高。可以适当种植一些适合养猪的作物，或者将适合猪吃的林草顺便施一下肥。在猪场养殖时，可以适当地加入林草或其他种植作物，这些自然的饲料会在一定程度上改善猪的肉质，满足人们更高品质的需求①。

（四）完善循环农业的政策机制，推动循环农业顺利进行

构建和谐社会的重要前提，是公共政策制定的有效、公平、公正。

---

① 王国印. 论循环经济的本质与政策启示 [J]. 中国软科学，2012 (1)：31 - 43.

公共政策的政策标准是切实保障、维护公民权益，增加公共利益、社会福利，公共政策的利益导向是公共利益，坚持以人为本是公共政策的首要任务。政府要从全体公民的权益出发，通过适当的政策措施以及政策资源，从统筹全局的角度，公平有效地分配利益，缓解社会矛盾，促进社会和谐。

发展循环农业，一定要组建起发展循环农业的推进机构和领导队伍，不断完善发展循环农业的扶持政策。在这方面我们可以借鉴国外发展循环型农业的先进理念和成功经验，设计制定出适合我国国情的循环型农业发展政策体系，综合运用财政、信贷、投资、税收和价格等手段，对发展循环农业进行政策扶持，如本书中提到的运用政府公共财政支出解决生猪粪便运送的问题便是一种财政的政策扶持形式，通过有效运用这些扶持政策，最终形成一种激励机制，加大力度鼓励循环农业生产方式，调动起企业和农民参与循环型农业建设的积极性，把"要我做"转变成"我要做"。这样可以有效调节市场主体的行为，完善农业产业结构，促进循环型农业长效顺利发展。

政府制定生猪养殖补贴政策可以增加生猪养殖数量、保障猪肉市场的价格稳定；在此基础上可以初步建立猪肉市场价格的引导机制，加速推进猪肉市场化进程；在保证生猪养殖发展的基础上，以提高经济收入促进农民增收，实现现代化生猪养殖业的可持续发展。虽然在各个阶段，生猪养殖补贴政策的具体细节不一致，但是生猪养殖补贴政策却能够在整体方向变动上保持一致性，也就是能够在保证生猪养殖安全、粮食安全、生态安全的情况下推动猪肉产品市场化进程，促进经济良性、健康地发展。①

（五）不断推进循环农业技术改革，使循环农业有技术保障

循环农业养殖是一项复杂的系统工程，涉及生物安全、清洁生产、生态设计、物质循环、资源的高效利用、粪污无害化处理、食品安全等多个领域，是养殖技术、生物技术、生态技术、环保技术等多项技术的整合。过去人们提到的生态养殖技术，往往仅注重某个方面的研究，还没有上升到整个生态养殖系统的层次，但这些科学研究又为开发生态养殖系统技术打下了良好的基础。生态养殖也是一项艰难的创新性工程，在不同的养殖层次、养殖水平、养殖品种、养殖区域内，生态养殖涉及的领域和技术都必须被区别对待，具体问题具体分析。几乎没有一成不变、四海通用的模板和套路，对每个牧场都要深入调研，对症下药。这些情况决定了循环农业生态养殖是一项高度实践化的创新性工程②。

发展循环农业，需要有先进的技术做支撑，故政府应加大发展循环型农业的科技投入，加强对循环农业科学技术的研究、开发和推广应用，如我们前面讲的测土配肥技术；此外，还有清洁生产技术、减量化技术、废弃物再利用技术（如本书建立的循环农业模式中用到的沼渣、沼液的再利用和生猪粪便的再利用）、农业绿色能源开发技术、节水农业技术、新能源综合利用技术等，要加快研发沼能、太阳能、风能、生物质能等应用技术和生态食物链技术。同时，还要构造出一套循环农业科技创新和推广体系，不断将先进的科技成果转化为现实

---

① 方平，林映丹. 我国生猪补贴政策及其效用研究 [J]. 江西科学，2011 (4)：46 - 47.
② 单宝龙. 谈中国养殖业的生态化道路 [J]. 饲料广角，2012 (6)：29 - 34.

的生产力。其中，特别是要加强对农民的技术培训和教育，使他们能够掌握新技术新观念，熟练地利用新技术去开发发展循环农业，最终取得经济收入的提高和自然环境的和谐共存。

四、引进农业龙头企业，促进循环农业平稳发展

循环农业的运作方式与以往自给自足的养殖和耕作方式截然不同，循环农业同工业一样涉及产前、产中和产后的各个环节，且各环节都紧密相连，光靠个人或是小集体是很难做成并发展壮大的，因此要充分发挥农业龙头企业的带动和促进作用。所谓农业龙头企业主要是通过其产生的规模效应和范围经济，带动性和有导向性地进行农产品的生产、加工、销售和经营，它具有专业化、市场化、集约化和规模化的优势，是联结农户与市场、农业与其他行业及国内市场与国外市场的中介实体和中间桥梁。农业龙头企业可以带动农户走出村庄，走出县市，甚至走出中国，进入到农业国际化的大市场中，它依靠其产生的聚合效应和规模经营优势，最终实现农业资源的增值。在市场方面，农业龙头企业以价值规律和供求关系为准则，通过不断地调整农业结构以达到资源分配最优化，大大提高了农业的产出效率。

市场是产业链运行的原动力，市场调控主导产业链环的组合与调整、产业链构成要素的流动以及产业发展的方向等。农业产业链经营的最大特点是利益趋向最大化，所采用的迂回式生产方式直接促进了农产品附加值的增加和农业递增报酬的实现。产业链上下游各环节的分工合作，均担负着价值创造的功能。循环农业产业链上游企业的一

切生产活动（链条正常运行）主要靠下游市场的"拉力"驱动，如果下游市场环节不畅通，企业在市场竞争中就会失去竞争力，影响产业链整体价值的实现，从而使产业链条难以持续发展。

针对第四、第五章建立的以养殖业为主的循环农业系统结构模型，同样要引入农业龙头企业才能保证系统的平稳发展。具体做法如下：首先，要有当地政府制定农业龙头企业引进计划，如生猪养殖企业、生猪屠宰企业、生猪加工企业和猪肉制品推广企业等，并对农业龙头企业在政策方面予以优惠，例如设立专门的发展基金，减免或减少税费，加大信贷支持力度，在土地使用方面给予便利，等等。其次，要促进农业科学技术不断进步提高和人才的有效培养。大力鼓励农业龙头企业与科研单位，特别是农业高校开展合作，进行交流，使科研成果及时应用到农业实践中，同时也使高校学子有实践的基地，能力不断得到强化。最后，要加强对农业龙头企业的管理，强化肉质安全建设，大力发展绿色养殖和特色猪肉制品生产，培育出优势强势的品牌。通过不断提高农业龙头企业的核心竞争力，培育出实力雄厚的农业龙头企业作为统帅，开展循环农业建设的农民队伍将在农业龙头企业的带领下不断发展壮大。

本章小结

本章研究了循环农业系统运行的动力机制。首先对循环农业系统运行进行增长上限分析，包括粪便对外运输、土壤结构、养殖经营管理以及市场价格的增长上限基模分析，并通过基模分析找出相对应的解决方法。其次在基模分析的基础上提出循环农业系统运行的动力机制，包括运用公共财政支出巩固粪便运输系统，使经济环境协调发展；运用测土配肥技术使用沼渣、沼液等有机肥，使农作物不断增收；加强政府的规划引导，保障循环农业的顺利实施；引进龙头企业，促进循环农业平稳发展。

第六章　循环农业系统运行的平衡机制

所谓平衡机制，是指一个社会的各个组成要素和部分之间如何协调相互关系，保持平衡，以有序、稳定状态运行的机理和方式。平衡机制是让社会每个人或群体都按照一定的规范和其创造的价值，在公平、公正、平等的条件下，各处其位，各得其所，安居乐业。这样，社会才能始终保持有序和稳定的状态，才能健康发展。

循环农业系统的运行不仅需要强有力的动力机制，还需要发达的平衡机制为各种力量协调并凝聚成有效的合力提供支持、条件和环境，维护系统的稳定。平衡机制就是这样的一个要素配置过程：对内通过合作和利益共享来维持协调，对外通过改进和创新去适应外部环境。

第一节　循环农业系统内部的平衡机制

循环农业系统涉及农、林、牧、副、渔及加工业等，其内部关系纵横交错、相当复杂，而系统内部的任一环节出了问题都会影响系统的正常运行，故如何实现其内部的协调发展是循环农业系统运行的关键之一。

一、注重循环农业系统内部产业之间的结构平衡

（一）系统内部结构平衡

系统结构决定着系统的性质和功能。系统结构的变化往往是系统为维持与环境之间的平衡而做出的反应。系统的内部结构随着外部环境的变化而变化——这就是系统的自我平衡，也叫与时俱进。外部环境作为一个系统始终处于"平衡→不平衡→新平衡"的循环中，所以，系统要保持与外部环境的平衡，其内部结构就必须适时进行调整。系统的内部结构都是系统为了求存求活而适应环境的结果，环境决定了系统的内部结构，系统结构是环境选择和自我平衡共同作用的结果。内部结构的合理性表现为系统的自我平衡。简单的系统内部结构更趋向平衡，结构简单的系统往往比复杂的系统更易维持其内部结构的平衡，正如结构简单的生命系统更能适应环境的变化一样①。

（二）循环农业模式系统内部结构平衡

当前，我国农业及农村经济正处于转型时期，农产品的供求状态、农业的增长方式、农业的发展目标、农业与工业的关系、农业的国际化背景均发生了很大的转变。农业及农村经济形势的转变，折射到资

---

① http：//baike. baidu. com/link? url = _ o51rCSZzZlMcJbB8Q3Fx – qPGsSDwNaNAlXlFh78g07vVnCCF3 xZrfDNsZkuCTp2LZpxJWwOxw4hyx2aXroWf4pKChTS6C_ WEwuv5dV2 – SaQaZmHLQzbbwCCadJqp70.

源环境领域，导致了人们的生产行为发生转变，由原来的资源消耗型、资源与农产品置换型生产转变为资源保护型生产，政府"退耕还林、退耕还草、退田还湖，以粮代贩、以粮食换林草"政策的实施，使人们的生产方式从资源环境破坏消耗期转型进入资源环境破坏收敛期，进而向资源环境保护型的可持续发展期迈进。因而加强农业资源环境建设和保护，实现其与经济的协调发展，不仅是农村经济和社会发展的必然要求，也是实现农业资源永续利用、保持农业发展后劲的现实选择和客观要求。农业资源环境与经济协调发展的实质，就是在一定时期和科学技术条件下资源环境与经济社会从均衡到非均衡再到均衡的发展过程。在这个过程中，以人与人类社会的经济活动作为一方，以人与人类经济活动赖以存在和发展的资源环境作为另一方，组成了一个双方相互联系、相互作用、相互制约的动态开放性的复杂系统。

经济系统与资源环境系统之间的协调和矛盾表现为：一方面，对资源环境的投入会减少经济的生产性投入从而抑制经济和生产的发展，二者之间有一定的利害冲突；另一方面，增加资源环境系统的经济投入和物质技术投入，有利于经济系统外部条件的改善和环境的优化，有利于经济要素的质量提高和运行成本降低，有利于经济效益的增加，有利于经济与资源环境之间的协调发展。因此在推动经济发展的过程中，我们不仅要注重经济的增长，更应该注重经济结构的优化、经济成果的合理分配与使用，注重协调好资源环境与经济发展的关系，防止资源破坏和环境污染，增强全民的资源环境保护意识和经济与资源环境相协调的意识，保证经济、社会、资源、环境的协调发展和良性循环。

一般而言，当一个系统存在有多个子系统时，子系统之间经常会出现相互矛盾和制约的现象，这时候就需要进行协调。协调的目的是把矛盾和冲突变为和谐与统一，使无序状态变为有序状态，提高系统的输出功能和整体效应。所以，协调是一种手段，是一种管理和控制的职能，也是一种反映各子系统之间结构和融合关系的状态，最终目的是达到平衡。

既然循环农业系统涉及的农业产业很广泛，且各个产业是在同一循环农业系统中运行的，产业之间密切联系，这就要求各个产业在规模、层次等各方面要适中，以使整体系统实现生态和经济效益的均衡。本书建立的以养殖业为主的循环农业模式围绕生猪养殖这一主线，还衍生出了诸如稻谷种植子系统、蔬菜种植子系统、生猪加工子系统、粪便加工子系统、荒地造林子系统、养鱼子系统和食用菌子系统等，所有的子系统均是在同一循环农业的大系统中运行，所以同样要注重各个子系统的规模大小以及其投入产出关系，要根据整个系统的平衡和均衡来确定各个子系统的大小。整个循环农业系统中营养物质的流动是一种循环运动，特定范围内的农业系统，应该尽量把生态平衡维持在一个良好、稳定的状态。循环农业系统经济的稳定增长是建立在对营养物质和能量动态平衡计算的基础之上的。因此，要对多层次、多形式的投入、产出与循环进行成本效益分析，这里的成本效益应该包含环境评价的因素在内，然后在分析的基础上选取能够实现经济效益最大化的方案，以此来指导农、林、牧、副、渔及其加工业的生产，达到系统产出的经济与环境效益稳定增长的目的。

二、注重循环农业系统内部利益之间的平衡

循环农业系统涉及众多的农业产业流程，内部的矛盾冲突自然不可避免。系统内部的协调合作需要建立规范的管理制度，这不仅需要循环农业系统内部的有效管理，还需要社会法制的帮助。

（一）对循环农业系统进行规范化、企业化运作管理

根据循环农业模式的层次和规模，进行人员岗位的设置和人员工作的安排，制订相应的管理制度，包括日常工作行为规范、收入、奖励、惩罚、赔偿等各方面。建立合理的人员培训和开发制度，人力资本是企业发展的核心，"以人为本"的人力资源管理模式注重员工个人发展的需要，强调对员工的培训和开发。当前我国农业企业员工以农民工为主体，其文化素质水平较低，急需企业建立一套定期的人员培训和开发制度，农业企业可以利用当前国家的惠农强农政策，与农业院校和地方政府签订员工培训协议，定期对企业员工开展技术、经营管理等方面的培训，以提高企业员工的素质。此外，农业企业也可以邀请相关领域的专家和技术人员进驻企业，根据员工工作中存在的问题，进行解答和改进。

（二）形成人性化的绩效考评和薪酬机制

当前我国农业企业，应转变以事为中心的管理理念，打破人员绩效考评中的关系和人情壁垒，建立科学规范的人性化绩效考评机制。农业企业人性化的绩效考评机制的设置关键在于对工作岗位的评价，根据农业企业不同岗位的劳动量和工作职责来确定岗位的评价标准，

在绩效考评中切实考虑员工的工作能力，根据工作能力确定员工的岗位职责，并进行客观的评估。在依据企业员工工作能力形成的岗位结构中，按照公平合理的原则，确定不同岗位的薪酬标准，减少同种工作岗位间的薪酬差异，尽量使企业薪酬水平与行业平均水平相比具有竞争力。建立人性化的绩效考评和薪酬制度后，农业企业应根据绩效考评的结果来确定薪酬的增减，并为企业员工的减薪设置相应的预警机制。

（三）营造具有人文关怀的企业文化

企业文化是企业精神的重要组成部分，是企业发展的重要推动力，当前我国农业企业在企业文化的建设中还显得很薄弱，企业员工缺乏归属感，农业企业可根据企业员工多数来自农村的特点，从中国传统农业文化中汲取精华，提升凝练成符合企业发展的企业精神，增强企业员工的凝聚力。农业企业可根据所在地的农村文化传统，于节假日为员工组织具有地方特色的文化活动，丰富企业员工的文化生活。农业企业还可以建立家庭困难员工档案，适时为员工提供帮助，增强员工的归属感。

（四）内部建立"冲突"反应制度

一般来讲，当利益矛盾冲突发生之后，需要有规范化的应对解决措施。可以针对内部可能出现的各种利益冲突，制定相应的工作预案，特别是对突发性的利益冲突事件要在第一时间内做出反应，及时妥善处理，这样才不会造成更大的不良影响。

（五）建立利益协商制度

矛盾各方可以先在系统内部的管理下进行调解，若不成功则可以按照法律的渠道和程序进行谈判协商，尽力提倡自主解决各自的利益矛盾，实现社会的自我管理。目前来讲，劳资双方的矛盾冲突比较多，所以应该尽快建立起劳资双方的协商谈判机制。

（六）建立比较全面的利益补偿机制

主要内容是确立一套与社会主义市场经济相适应的社会保障制度，这也是我国相关部门一直在努力的方向。首先是要建立健全社会保险制度，比如失业保险制度和养老保险制度等，要在把个人账户逐步做实的基础上不断扩大覆盖面。其次是要建立健全社会救济制度，要保障老弱病残等的基本生活需求。应该根据日益上涨的物价水平，稳步提高城乡居民最低生活保障的标准和逐步增加保障的内容。鼓励社会力量参与社会救助，加大宣传力度，不断完善社会化救助体系。最后是要建立健全社会福利制度。我国已逐步进入老龄化社会，应建立全面有效的老人供养制度，此外，对于孤儿和残疾人等特殊困难群体，也要通过大力兴办社会福利机构等措施来完善其制度化的生活保障。通过系统内部和外部的规范管理，处理好系统内部的各种利益关系，使整个系统内人员安定、人心稳定，大家均认真做好本职工作，这样才能使循环农业系统平稳有序地运行。

第二节　循环农业系统外部的平衡机制

一、注重循环农业系统外部的产销平衡

产销平衡是社会主义市场经济条件下，企业生产经营的最佳状态。因为在社会主义市场经济条件下，企业生产什么，生产多少，以及怎样生产，都是由市场决定的。如果企业生产的产品符合市场需要，达到市场认定的质量标准，企业生产的产品就容易销售出去，实现生产与销售的平衡。反之，如果企业生产的产品不符合市场需要，或产品质量不合格，质次价高，就很难实现产品销售，造成生产与销售严重脱节，库存迅速增加，导致企业资金周转不灵或亏损，企业的生产将会被迫停止。

（一）农业企业的产销平衡

我们把农业企业产销平衡定义为：企业在一定时期内所形成的生产与销售的关系及其相互作用的最佳状态。首先，产销平衡反映出生产与销售之间存在着相互促进、相互制约的关系。只有这种关系，才能在更深层次上保证和促进生产与销售在数量上的平衡。其次，产销平衡并不是生产与销售在数量上的完全相等。受市场等多种因素的影响，企业的生产与销售之间存在一定的时间间隔，形成了生产与销售

的多种关系。最后，产销平衡具有动态发展趋势，企业的生产与销售受产品寿命周期的影响，在数量上呈波浪式螺旋上升的趋势，每个波浪的低谷应该是企业产品更新换代的最佳时期。

由此可以看出，农业企业要实现产销平衡，第一，须满足三个条件：企业能够积极参与市场竞争，自觉适应市场变化，成为比较合格的市场主体。第二，企业产品质量意识强，产品质量高，能够充分满足顾客对产品质量的要求。第三，企业要建立比较完善的市场营销体系，包括市场调查与分析，营销宣传，营销策略与手段，营销渠道与形式等。农业企业要想实现产销平衡，必须做好如下工作：

首先是进行市场调查与分析。农业企业主动参与市场竞争，不断地适应市场需求的主要途径与方法，就是经常进行市场调查与分析。通过市场调查与分析，企业一是可以深刻了解市场变化规律和趋势，包括有关产品的供求关系，销售热点及变化趋势等。二是可以寻求新的市场机会，为开发新产品，开拓新市场寻找支撑点。三是可以扩大信息源，提高信息工作质量。因为在市场经济条件下，企业拥有和掌握的信息越充分，企业的经营决策就越正确，产品质量就越高。

其次是保证产品质量。产品质量包括两方面含义，一是产品技术质量，如国家标准、国际标准等，这是产品质量的基础。二是产品实物的质量，可以反映出产品的性能、安全、可靠、经济等方面满足顾客需求的程度。所以，产品质量越高，顾客越满意，产品在市场上的竞争力就越强，销售情况就越好。反之，产品就很难实现销售。因此，企业在提高产品质量方面需要重点做好如下工作：一是树立牢固的产品质量意识，并通过一系列制度和管理目标，把质量意识贯穿于企业经营的全过程中。二是建立健全产品质量管理体系,把全过程和全员质量管理结合起来,形成有中国特色或企业特色的质量管理体系。三是把生产与科研有机结合起来,以科学技术的进步推动企业的生产发展和产品质量的提高。

当前,农产品产销之间的地域流通数目不断扩大,鉴于此,应该建立农产品主产区与主销区的利益平衡机制。国家可考虑进一步提高对农产品主产区转移支付的财政奖励和补助水平,建议逐步取消农产品主产区风险基金的地方资金配套,不断提高农产品主产区的"造血功能",把地方资金着重用于公共服务配套设施建设上,使农产品主产区基本公共服务水平达到全国平均水平以上。专门设立国家农业建设基金,投入到农业基础设施的建设中,这样就从制度设计上体现了对农产品主产区生产能力建设的支持。此外,还可以研究借鉴欧盟国家的一些做法,推行粮食"定单生产",引导农民按照市场需求来种植适销对路的优质粮食,并调节生产规模,有效减少国家由于增加收储所带来的财政压力。政府还应该充分发挥其宏观调控的职能,利用税收、财政等政策对农产品的价格进行调控,以避免农产品价格出现大幅波动,从而充分保障农民从事农业生产的积极性。

(二) 生猪养殖的产销平衡

吃是第一大事,所以农产品供需是否平衡也即产销是否平衡是关系到国计民生的大事。循环农业系统的产出物就是农产品,所以到底该种植或养殖什么种类的产品、规模多大较合理等问题,都是与农产品产销情况也就是市场情况挂钩的。无论循环农业模式设计得多好,内部组织多么规范,只要产品卖不出去,或是卖不到好价钱,农民增收的目标就难以实现。

养猪业是一个高投入、低收入的产业，而营销流通环节可以获得高于饲养环节的利润率。根据美国农业部统计，猪肉总消耗量以中国最多。此外，生产猪肉最多的地方亦为中国，占全世界猪肉制品总量的46%以上。长期以来，养猪生产与加工、销售相互脱节，产后丰厚的利润难以返还到生产环节，使养猪企业处于高风险中。

增加了流通环节，也就增加了猪肉供应链的风险，不利于风险控制。猪肉供应链各成员之间合作度低。目前，我国猪肉供应链的各节点企业之间的关系中竞争成分较高，合作协调水平较低，利润分配欠合理，从而形成了过高的交易成本和违约风险。由于我国养殖户生产经营分散，参与的个体数量众多，经营的成效往往取决于个体的经验或某种优势，出于追求自身利益最大化的因素，养殖户之间、屠宰加工商之间及养殖户和屠宰加工商之间的竞争关系会造成合作氛围淡漠，组织合作关系松散，交流少、缺乏信任，结果导致产业间的合作十分有限。

要保持生猪养殖的产销平衡，除了参考农业企业的产销平衡方法及主要依靠市场进行调节外，在必要时期还需要政府建立起完善的机制作为保障。2015年10月，经国务院批准，国家发展改革委、财政部、农业部、商务部联合发布了重新修订的《缓解生猪市场价格周期性波动调控预案》。新预案对2012年版预案作了三方面修订：一是调整了全国平均生猪生产盈亏平衡点对应的猪粮比价设置。采取区间设置，根据近几年的生产和市场数据测算，确定全国平均生猪生产盈亏平衡点对应的猪粮比价合理区间为5.5∶1～5.8∶1。二是根据盈亏平衡点，相应调整了预警区域设置。如原预案设定蓝色预警区域（价格轻度上涨或轻度下跌）是指猪粮比价在 8.5:1 ~ 9:1 或 5.5:1 ~ 6:1，而新预案将其调整为 8.5:1 ~ 9:1 或 5:1 ~ 5.5:1。三是为更大程度地发挥市场机制的作用，适当提高了储备吞吐措施启动门槛。当猪粮比价进入蓝色预警区域时，不启动中央冻猪肉储备投放或收储措施；当进入黄色预警区域（价格中度上涨或中度下跌）一段时间后，才启动中央储备冻猪肉投放或收储措施。

这三方面的改变其实很明显地体现出，国家要逐渐放宽政府对猪价的调控，未来猪价波动将更多地依靠市场因素。同时，新预案下调了预警区域下限，却没有提高预警区域上限。养殖户未来更多地要靠低成本、规模化、高效率取胜，而非猪价暴涨带来的暴利。养殖户之间的既有竞争又要实现合作共赢的模式或许是未来实现生猪养殖产销平衡的良好方法。

二、注重循环农业系统外部的利益平衡

农业和非农产业之间的矛盾由来已久，其根本的解决办法在于建立利益平衡机制，改变从事农业特别是粮食生产收益过低、明显吃亏的状况。由于目前我国农业生产特别是粮食生产利益调节机制还没有建立起来，农业生产比较效益持续下降，要从根本上解决这一矛盾，需要在国家层面加快建立健全农业与非农产业之间的利益平衡机制，最大限度地调动农民务农种粮、地方重农抓粮、社会资源投入农业的积极性。解决利益不平衡问题，单靠市场肯定是行不通的，利益分化

是社会分化的重要表现，也是社会其他方面分化的基础和前提。市场化的深入，唤醒和强化了各种社会群体及阶层的利益意识。因此，不可避免地产生了由利益关系导致的矛盾冲突。在这种情况下，使利益的过度分化得到抑制，社会的利益关系达到平衡，应该是政府的主要责任。这需要各级政府有力凸显出提供公共服务的责任，同时要进一步规范政府部门的行为和程序，加强管理、监督和检查。必须把改善民生、科学发展的理念变成各级党委政府的实际行动和具体措施，把民生指标切实纳入到政府考核和干部的评价体系中去，建立起强有力的责任链条，使好的决策部署真正落到实处。

解决农业系统与外部系统之间的矛盾问题，首先，可以择机大幅度提高农产品价格。充分发挥价格杠杆的调节机制，大幅度提高粮食价格。但是要注意提价时机要适当、措施要周密，要与非农产业紧密结合，尽量减少负面的影响。可以研究借鉴国外如日本、韩国等国的做法，既要避免粮食价格上涨诱发的通货膨胀，又要防范进口粮食对国内粮食市场的冲击；同时还可以推行"定制生产"，农民可以按照订单要求来种植适销对路的产品，并同时调节生产规模。其次，可以建立农业生产要素的回收平衡机制，避免农业生产要素的大规模流失。我们应该利用各种政策和调节杠杆，鼓励社会资本和资源对农业进行投资。比如，进一步提高各类农业生产资料的补贴标准，尽快实现优势作物良种补贴全覆盖，较大幅度增加农机购置补贴资金，并落实和完善农资补贴动态调整机制，逐步实现按农产品全额生产成本补贴或补贴与成本挂钩等目标。

本章小结

　　本章论述了循环农业系统运行的平衡机制，总体分为系统内部平衡和外部平衡，其中循环农业系统内部的平衡包括内部产业结构的平衡和各方利益的平衡，循环农业系统外部的平衡包含外部市场产销平衡与各方的利益平衡。

参考文献

［1］ Gerber P. J. , Steinfeld H. , Henderson B. , et al. Tackling Climate Change through Livestock – A Global Assessment of Emissions and Mitigation Opportunities ［R］. Food and Agriculture Organization of the United Nations (FAO), Rome, 2013: 15 – 18.

［2］ Key, N. McBride. Production Contracts and Productivity in the US Hog Section ［J］. American Journal of Agricultural Economics, 2003 (11).

［3］ MacLeod M. , Gerber P. , Mottet A. , et al. Greenhouse Gas Emissions from Pig and Chicken Supply Chains – A Global Life Cycle Assessment ［R］. Food and Agriculture Organization of the United Nations (FAO), Rome, 2013.

［4］ Schneider M. , Sharma S. China's Pork Miracle? ［R］. Agribusiness and Development in China's Pork Industry. External Report of the Institute for Agriculture and Trade Policy, USA, 2014.

［5］ Smith, Raymond L. Hierarchical Design and Evaluation of Processes to Generate Waste – recycled Feeds ［J］. Industrial and Engineering Chemistry Research, 2004, 12 （5）: 2508 – 2515.

［6］Tao H. J., Xie C. P. A Case Study of Shuanghui International's Strategic Acquisition of Smithfield Foods ［J］. International Food and Agribusiness Management Review, 2015, 18 （1）: 145 – 165.

［7］Teira – Esmatges M. R. Flotats X. A Method for Livestock Waste Management Planning in NE Spain ［J］. Waste Management, 2003, 23 （10）: 917 – 932.

［8］ T. Coelli L. Lauwers, Van Huy Lenbroeck. Environmental Efficiency Measurement and the Materials Balance Condition ［J］ Journal of Producticity Analysis, 2007 （28）: 3 – 12.

［9］ William Brock. Pattern Formation, Spatial Externalities and Regulation in Coupled Economic – ecological Systems ［J］. Journal of Environmental Economics and Management, 2010 （59）: 149 – 164.

［10］ Yong Chen, et al. Threshold Management in a Coupled Economic – ecological System ［J］. Journal of Environmental Economics and Management, 2012 （64）: 442 – 455.

［11］ 埃莉诺·奥斯特罗姆. 公共事物的治理之道——集体行动制度的演进 ［M］. 余逊达等译, 上海: 上海译文出版社, 2014.

［12］ 白金明. 我国循环农业理论与发展模式研究 ［D］. 中国农业科学院博士学位论文, 2008.

［13］ 曹凤中等. 生态全息论对发展循环经济的启示 ［J］. 环境污

染与防治，2002（6）：42.

[14] 曹艳爱.“公司＋农户”模式稳定性研究概述［J］.广东农业科学，2013，40（15）：229-232.

[15] 唱潇然.日本农业循环经济的发展模式及经验分析［J］.世界农业，2013（6）：1-3.

[16] 陈德敏.循环经济的核心内涵是资源循环利用——兼论循环经济概念的科学运用［J］.中国人口·资源与环境，2004（2）：13-16.

[17] 陈飞永.宁波农业循环经济发展与对策研究［J］.宁波经济丛刊，2006（5）：34-36.

[18] 陈浩，付皓.低碳经济的特性、本质及发展路径新论［J］.福建论坛（人文社会科学版），2013（5）：29-34.

[19] 陈克亮，朱晓东.循环经济在城市生态农业中的应用［J］.生态经济，2005（6）：78-81.

[20] 陈玲丽，阮涛，李冲等.猪不同生产时期饲料和粪便中重金属元素含量的测定［J］.黑龙江畜牧畜医，2014（7）：189-191.

[21] 陈诗波，王亚静.循环经济生产技术效率外生性决定因素分析［J］.中国人口·资源与环境，2009，19（4）：82-87.

[22] 陈诗波.循环农业主体行为的理论分析与实证研究［D］.华中农业大学，2008.

[23] 陈瑶，王树进.我国畜禽集约化养殖环境压力及国外环境治理的启示［J］.长江流域资源与环境，2014（6）：862-868.

[24] 崔和瑞.基于循环经济理论的区域农业可持续发展模式研究

［J］．农业现代化研究，2005，25（2）：96－97．

［25］崔伟宏，罗静．循环经济的科学基础与运行机理［J］．地理信息科学学报，2007．

［26］崔小年．城郊生猪养殖业发展研究［D］．中国农业大学，2014．

［27］崔兆杰，司维，马新刚．生态农业模式构建理论方法研究［J］．科学技术与工程，2006（7）：1854－1857．

［28］戴丽．云南农业循环经济发展模式研究［J］．云南民族大学学报，2006（1）：86－91．

［29］邓群钊．中部丘陵地区粮食安全和农民增收矛盾问题的系统分析——以兰坡矛盾问题为例［D］．南昌大学博士学位论文，2006．

［30］范跃进．循环经济理论基础简论［J］．山东理工大学学报，2005（2）：10－17．

［31］方平，林映丹．我国生猪补贴政策及其效用研究［J］．江西科学，2011（4）：46－47．

［32］冯之俊，刘燕华，周长益，罗毅，于丽英．我国循环经济生态工业园发展模式研究［J］．中国软科学，2008（4）：2－3．

［33］高洁，戴建新，王雪红．可拓决策方法综述［J］．系统工程理论方法应用，2004，13（3）：264－271．

［34］韩良，宋涛．典型生态产业园区发展模式及其借鉴［J］．地理科学，2006，26（2）：23．

［35］何龙斌．美国发展农业循环经济的经验及其对中国的启示［J］．世界农业，2012（5）：19－22．

［36］胡金梅．浅析农业循环经济发展的模式［J］．北京农业，2011（30）：37－38．

［37］胡晓兵，陈凡．循环农业的生态学阐释［J］．科技成果纵横，2006（2）：31－33．

［38］黄涛，陈文俊．论循环农业的技术构成［J］．湖北经济学院学报，2006（3）：34－35．

［39］黄贤金．循环经济：产业模式与政策体系［M］．南京：南京大学出版社，2004．

［40］霍艳丽，刘彤．生态经济建设：我国实现绿色发展的路径选择［J］．企业经济，2011（10）．

［41］季昆森．发展循环经济是建设新农村的重要途径［J］．中国科技投资，2006（6）：218．

［42］贾仁安，丁荣华．系统动力学——反馈动态性复杂分析［M］．北京：高等教育出版社，2002：1－3．

［43］景栋林，陈希萍，于辉，黄得纯．佛山市畜禽粪便排放量与农田负荷量分析［J］．生态与农村环境学报，2012（1）．

［44］柯炳生．关于加快推进现代农业建设的若干思考［J］．农业经济问题，2007（2）：18－23．

［45］克利福德·柯布，成文杰．建设性后现代视阈下的中国生态农业［J］．江苏社会科学，2014（1）：27－35．

［46］李后建．农户对循环农业技术采纳意愿的影响因素实证分析［J］．中国农村观察，2012（2）：28－36．

［47］李克国．农业循环经济的理论与实践［J］．中国环境管理干

部学院学报，2005，15（1）：11－13.

［48］李立希，杨春燕，李烨汉．可拓策略生成系统［M］．北京：科学出版社，2006.

［49］李莎莎．循环农业模式设计与动态评价研究［D］．南昌大学硕士学位论文，2009.

［50］李学良．生猪养殖与循环农业系统运行的研究与分析［J］．当代畜牧，2015（9）.

［51］李兆前，齐建国．循环经济理论与实践综述［J］．数量经济技术经济研究，2004（9）：145－154.

［52］林涛，梁贤．基于生物依存关系的生态农业建设研究［J］．农村经济，2009（5）.

［53］林孝丽，周应恒．稻田种养结合循环农业模式生态环境效应实证分析［J］．中国人口・资源与环境，2012，22（3）：37－42.

［54］刘渝，杜江．国外循环农业发展模式及启示［J］．环境保护，2010（8）.

［55］骆世明．生态农业的模式与技术［M］．北京：化学工业出版社，2009.

［56］马江．对循环经济基本原则——减量化原则的思考［J］．生产力研究，2010（6）：17－18.

［57］马林，王方浩，马文奇，张福锁，范明生．中国东北地区中长期畜禽粪尿资源与污染潜势估算［J］．农业工程学报，2006（8）.

［58］马伦绞．湖北省农业循环经济发展综合评价及因子贡献分析［J］．农业技术经济，2013（5）：105－112.

［59］马其芳，黄贤金，彭补拙等．区域农业循环经济发展评价及其实证研究［J］．自然资源学报，2005，20（6）：891－899.

［60］闵继胜，胡浩．中国农业生产温室气体排放量的测算［J］．中国人口·资源与环境，2012（7）.

［61］牛若峰．中国农业现代化走什么道路［J］．中国农村经济，2001（1）：4－11.

［62］潘明花．"猪—沼—果"与"猪—沼—菜"能源生态技术模式初探［J］．农业工程技术（新能源产业），2010（12）.

［63］潘霞，陈励科，卜元卿，章海波，吴龙华，滕应，骆永明．禽有机肥对典型蔬果地土壤剖面重金属与抗生素分布的影响［J］．生态与农村环境学报，2012（9）.

［64］彭世良，吴甫成．有机废弃物在生态农业中的多级利用［J］．生态经济，2001（7）：66－68.

［65］任勇，吴玉萍．中国循环经济内涵及有关理论问题探讨［J］．中国人口·资源与环境，2005（4）：131－136.

［66］宋大平，庄大方，陈巍．安徽省畜禽粪便污染耕地、水体现状及其风险评价［J］．环境科学，2012，33（1）：110－115.

［67］宋连喜．生猪散养模式的利弊分析与趋势预测［J］．中国畜牧杂志，2007（18）：21－30.

［68］田辉玉．基于生态经济理念的经济社会低碳化管理［J］．经济纵横，2011（12）.

［69］王保乾．循环经济发展模式及实现途径的理论研究综述［J］．中国人口·资源与环境，2011（S2）：1－4.

［70］王国印．论循环经济的本质与政策启示［J］．中国软科学，2012（1）：31 – 43.

［71］王立红．循环经济——可持续发展战略的实施途径［M］．北京：中国环境科学出版社，2005：126 – 127.

［72］吴大付，陈红卫，王小龙，李忠佩，何园球．我国红壤丘岗区不同生态农业模式的可持续性比较研究［J］．中国生态农业学报，2008（5）．

［73］吴天马．循环经济与农业可持续发展［J］．环境导报，2002（4）：4 – 6.

［74］徐卫涛，张俊飚，李树明，周万柳．循环农业中的农户减量化投入行为分析——基于晋、鲁、鄂三省的化肥投入调查［J］．资源科学，2010（12）．

［75］宣亚南，欧名豪，曲福冈．循环型农业的含义、经济学解读及其政策含义［J］．中国农业资源与区划，2008（2）：27 – 31.

［76］杨春燕，蔡文．可拓工程［M］．北京：科学出版社，2007.

［77］杨春燕．可拓学的方法论［A］//可拓学的科学意义与未来发展［C］．香山科学会议第 271 次学术讨论会文集，2005（12）：35 – 38.

［78］杨瑞珍．持续农业与生态农业［J］．世界农业，1994（10）：6.

［79］尹成杰．关于建设中国特色现代农业的思考［J］．农业经济问题，2008（3）：4 – 9.

［80］尹逊敦，刘欣．循环型农业发展模式及对策探讨［J］．安徽农业科学，2005，33（10）：1957 – 1958.

［81］于爱芝．中国生猪饲养业比较优势分析［J］．农业技术经济，2005（1）：40 － 44.

［82］余霜，李光．国外循环农业发展模式及对我国的启示［J］．广东农业科学，2012，39（4）：183 － 184.

［83］袁久和．民族地区发展农业循环经济研究［J］．边疆经济与文化，2005（6）：28.

［84］云南省中国特色社会主义理论体系研究中心．中国特色社会主义农业现代化发展道路的科学内涵探析［J］．社会主义论坛，2010（10）：9 － 10.

［85］张华见，张智光．资源枯竭型城市生态经济建设分析——以徐州为例［J］．生态经济，2011（12）．

［86］张壬午，计文瑛．论生态农业模式设计［J］．生态农业研究，1997（9）：1 － 5.

［87］张胜旺．可持续发展模式下经济效益与生态效益的关系分析［J］．生态经济，2013（2）．

［88］张晓山．现代农业需走内涵式规模经营道路［J］．中国发展观察，2007（2）：9 － 10.

［89］章力建，朱立志．运用循环经济规律防治农业立体污染［N］．农民日报，2005（7）：28.

［90］赵仁川．典型生态产业园区发展模式及借鉴［J］．行政事业资产与财务，2012（5）：101 － 102.

［91］郑军．生态农业集群理论与区域实践研究［D］．山东农业大学博士学位论文，2008.

［92］中共中央国务院．关于落实发展新理念加快农业现代化实现全面小康目标的若干意见．

［93］周新桥．中国特色农业现代化道路基本内涵探析［J］.湖南科技学院学报，2009（2）：95－96.

［94］周震峰．循环农业的发展模式研究［J］.农业现代化研究，2008，29（1）：61－64.

［95］朱明，齐飞．农业循环经济与"生产、生活、生态"集成模式［A］//节能环保和谐发展——2007中国科协年会论文集（三）［C］.2007.

［96］诸大建．可持续发展呼唤循环经济［J］.科技导报，1998（9）.

后　记

　　本书对循环农业模式设计、循环农业系统结构模型以及运行机制进行了研究探讨。运用可拓分析方法和系统动力学原理设计循环农业模式，运用系统动力学基模研究循环农业运行机制，给出了具有创新意义的分析方法，为以后的研究提供了比较系统的参考。本书的研究对更新和改进现有的循环农业模式设计及循环农业系统运行机制有一定的现实意义。

　　本书虽然取得了初步成果，但依然任重而道远，尚有许多工作有待于进一步深入研究，这里择其要者简要讨论如下：

　　循环农业模式设计框架体系的构建还需要进一步细化。本书只是以养殖业为主的循环农业模式设计为例，但是不同的循环农业模式各有特色，这就要求该框架体系再细化。循环农业模式设计研究还应从以下方面进行深入探讨：对农业生态系统的物质、能量动向进行系统的监测，探明不同循环农业类型的物、能运动规律；对农业生态系统的结构、功能进行调控和观测，对系统的演替、发展过程进行系统研究，探索各类生态农业类型的依存条件和系统发展的功利因素，揭示农业生态系统的发展机制；依据一个较大区域的地理、经济环境特点，对其生态经济要素配置与效应进行系统的分析研究，为制定区域经济、社会生态发展规划提供依据。农业生态系统是一个不同于自然生态系统的与人类活动密切相关的系统，因此人为的干预对生态农业的发展、影响的相关理论研究仍值得深入进行。

循环农业系统结构模型的构建最好有相应的评价监督体系与之配套。循环农业系统运行机制的研究有待于进一步深化。当前农业发展面临的资源与环境的约束越来越明显，因此必须要改变农业发展方式，提升农业发展水平。循环农业作为农业经济增长的新方式，运用可持续发展思想，兼顾经济、环境和社会效益，解决了农业生产发展、环境污染与生态破坏的矛盾，实现了农业生产各环节的价值增值，保持了生态环境的优美，使农业生产和生活真正纳入到农业生态系统循环中，实现了生态环境的良性循环和农村建设的和谐发展。在遵循"4R"原则的基础上，以低消耗、低排放和高效率为指导理念，发展循环农业。根据不同的生态功能区选择相应的循环农业模式，建立并健全区域生态整合机制，从而最大限度地发挥各种循环农业模式内在机制的作用，大幅度提高农业生产整体水平，切实解决农业发展和生态环境保护之间的矛盾，实现农业的可持续发展。

在此感谢母校南昌大学提供的良好的学习环境和诸多的学习资源。感谢导师邓群钊教授以及其他专业老师的指导和帮助，他们在学术研究上给予笔者指导。感谢师姐李莎莎为笔者的研究所做的前期铺垫和准备。感谢老师、师姐及同学对笔者在学习与生活上的关心与照顾。

本书得到了南昌工程学院科研成果专项经费和江西省水安全与可持续发展软科学研究基地的资助。

需要特别指出的是，本书借鉴和参考了国内外众多专家学者的研究成果及大量相关文献资料，并引用了一些书籍、期刊、报纸、网站的部分数据和资料内容，已尽最大可能地在参考文献中列出。在此，对这些成果的作者和机构深表谢意。

限于著者的学识水平，本书难免有错漏之处，恳请各位同仁及广大读者批评指正。

仲小瑾

2016 年 11 月于南昌工程学院